RAY SULLIVAN

CAMBIANDO EL MUNDO UN TANGO A LA VEZ

Cambiando el Mundo Un Tango a la Vez

Copyright © 2024 por Ray Sullivan
Todos los derechos reservados
Certificado de Propiedad Intelectual: 2403277501535

Todos los derechos reservados. Queda estrictamente prohibida la reproducción parcial o total de esta obra sin el permiso escrito del autor bajo las sanciones establecidas por la ley, así como su incorporación a un sistema informático, su transmisión en cualquier forma o por cualquier medio, ya sea electrónico, mecánico, por fotocopia o por grabación, excepto en el caso de reseñas breves utilizadas en críticas literarias. También está prohibida su distribución mediante alquiler o préstamo público.

Primera Edición: Abril, 2024

Edición: Autores Implacables
Traducción al español: Ariel Ortuño y Mauricio Rumualdo
Corrección de estilo: Mauricio Rumualdo
Diseño interior: Aranza Villalobos y Sony Alexandra Ramos
Portada e ilustraciones: Aranza Villalobos

⊕ www.autoresimplacables.com

*ESTE LIBRO ES PARA NOSOTROS,
LA CREENCIA EN LA SANACIÓN
Y NUESTRO HERMOSO MUNDO...*

"Escribo esto desde la profunda experiencia de esta conexión y cómo una mayor conciencia de ella ayudará a mejorar la condición humana, específicamente en nuestra relación con nosotros mismos y con los demás. Al construir puentes de entendimiento y conexión, trascendemos. La sanación de las comunidades y la contribución constructiva a nuestra sociedad comienzan con nosotros, pero no estamos solos" –

R.S.

ÍNDICE

Nota del autor	15
Prefacio	19
Introducción **Un poco sobre el tango**	21
Capítulo 1 **Nunca estamos solos**	25
Capítulo 2 **Contigo en mis brazos**	29
Capítulo 3 **Sanando nuestra humanidad**	33
Capítulo 4 **Un mundo de baile**	41
Capítulo 5 **Unidad**	47
Capítulo 6 **Respirando**	55
Capítulo 7 **Equilibrio**	63
Capítulo 8 **Sin Ataduras**	69
Capítulo 9 **Sucediendo a nuestro alrededor**	75

Capítulo 10
Juntos   83

Capítulo 11
Te veo   91

Capítulo 12
Simplicidad compleja   97

Capítulo 13
Somos la música   101

Capítulo 14
Tú vas, yo voy   107

Capítulo 15
Lo que tú ves no es siempre lo que recibes   113

Capítulo 16
Más allá de nuestra mente   121

Capítulo 17
Imagina   127

Capítulo 18
A veces   133

Capítulo 19
Creando juntos   137

Capítulo 20
Años   143

Capítulo 21
Humanidad   147

Capítulo 22
Noche y día 153

Capítulo 23
Vamos a bailar 159

Capítulo 24
Ser luz 163

Capítulo 25
Capacidades mixtas – el estado de la comunicación 169

Capítulo 26
El Viaje 173

Capítulo 27
La gracia del abrazo 179

Capítulo 28
Nuestra juventud, nuestro mundo 183

Capítulo 29
Comunidad: esperanza, amor, fe 189

Capítulo 30
Hablemos de amor 195

Gracias 201

Palabras de gratitud de parte del autor 203

NOTA DEL AUTOR

~~~~~~

Este no es un libro de baile, aunque lo es y a la vez no lo es…

Es un viaje que nos muestra cómo estamos todos conectados… los 8 mil millones que somos.

Ya sea que lo leas como una colección de reflexiones o como una guía, este libro está escrito para nosotros. Es una invitación a considerar conscientemente nuestra creatividad, tanto individual como colectiva.

Estoy firmemente convencido de que bailar juntos ayuda a reparar y sanar las desconexiones en nosotros mismos, en nuestra sociedad y en toda la raza humana.

En estos escritos utilizo el tango como ejemplo y concepto. Me enfoco en cómo el reunirnos para bailar tango, como baile social, es un vehículo para entender a la humanidad y cómo todos estamos interconectados. "Conocí" el tango en la década de 1990 mientras vivía en Buenos Aires y bailaba con el Ballet Contemporáneo del Teatro San Martín. Mi carrera como bailarín profesional sin duda influye en mi forma de entender el movimiento. Sin embargo, es el tango como baile social, y su conexión tan especial, lo que ocupa el centro de este escrito.

No necesitas saber de tango para leer esto. Incluso si nunca has bailado un solo paso en tu vida, puedes beneficiarte de los conceptos de este libro. Puedes dejarte llevar más allá de lo técnico y sumergirte en las imágenes escritas, los sentimientos y, lo más importante, las sensaciones. Cada línea nace de mi experiencia real con personas de carne y hueso, como tú y yo.

El viaje de bailar juntos está lleno de conexión y oportunidades para practicar la consciencia plena (*mindfulness*). Estos momentos de consciencia nos hablan de nosotros mismos y de cómo nos comunicamos/relacionamos con el mundo. Por ello, puedes leer los capítulos como estudios individuales para ampliar tu visión sobre cómo te relacionas contigo mismo y con los demás.

Como menciono en el capítulo dos: "El objetivo es experimentar la unión, al interactuar con las personas todos los días, fuera de la pista de baile y en el mundo real. Es un camino para dejar caer las barreras y regresar a nuestra esencia: la conexión. Podemos aplicar los principios de bailar juntos en el mundo, y estar conectados. Mejorar la armonía global y movernos en unidad. Podemos llevar el baile a la vida diaria".

Por último, aunque ahora no bailes, tal vez sientas el deseo de bailar tango después de leer esto. ¿Quién sabe?

De cualquier modo, esto es cosa de dos... ¡Así que comencemos! Te invito a este baile...

PREFACIO

Somos danza.

El mundo es nuestro espacio de baile.

Si observamos el mundo con atención, vemos cómo todo es movimiento. Todo está cambiando. Todo está en movimiento. No estamos separados de esta realidad; somos esta realidad.

Algunos estarán totalmente de acuerdo, pero también creerán que, si el movimiento se detiene, morimos.

Si nos concentramos más, veremos que esto no es cierto. No se detiene el movimiento con la muerte. Toda energía se transforma, todo es movimiento. Es algo que nunca termina.

Así que, en este estado de movimiento constante, como con todo cambio, no es extraño que a menudo nos resistamos. Considerar lo desconocido como algo que nos sucede "a nosotros" es una perspectiva común que alimenta esa resistencia. Entonces nos sentimos fuera del movimiento. Perdemos nuestro entendimiento de que somos participantes constantes en el cambio y olvidamos que somos creativos. Cuando permitimos que el miedo rompa la conexión nos afecta a todos, no solo individualmente. La resistencia al cambio y al movimiento es ese enfoque tóxico que causa división y, en consecuencia, genera violencia en nuestro mundo. La sociedad no puede prosperar si se resiste al movimiento.

Si aceptamos esto como cierto, entonces, la solución a esta problemática creada por nosotros comienza con tener conciencia del movimiento mismo. Si empezamos en el momento presente, observando cómo creamos el movimiento, comprenderemos mejor quiénes somos.

Es importante aceptar esto y decidir ser conscientes. El despertar al baile es algo innato en nuestro ser. Forma parte de lo que somos. Navegar por nuestro saber interno aceptando la invitación a bailar, es un esfuerzo compartido que representa todo lo que somos como seres humanos, desde nuestro primer movimiento en el vientre materno hasta más allá de nuestra comprensión de lo físico.

La manera en cómo nos movemos juntos en este planeta puede obstaculizar o sanar, pero, en cualquier caso, el movimiento nunca se detiene.

Así que, ¿por qué no ser el bailarín que naciste para ser? Sé humano; baila.

Somos danza.

INTRODUCCIÓN
UN POCO SOBRE EL TANGO

Estos escritos se centran específicamente en el tango como baile social, presentando su uso particular de la conexión, la improvisación y la comunicación, y cómo esto se relaciona con la humanidad.

Como ya he mencionado, para leer este libro no es necesario saber bailar tango. Tampoco es necesario entender una cultura, un idioma o la historia de un país en particular. Te animo a que te abras a la idea del tango como un vehículo, una oportunidad para alcanzar una mayor conciencia de la conexión. Para entender estos conceptos, solo necesitas ser humano. Comenzamos este proceso utilizando la danza como punto central, como una especie de microcosmos para comprender mejor cómo estamos interconectados en el mundo.

Algo que quizás no sepas sobre el tango, es que es un baile improvisado. Es una danza social, tanto en tradición como en práctica hasta el día de hoy, fundada en la conexión de las personas que se reúnen para bailar. Esto es muy diferente de las competencias de baile de salón o de las imágenes de Hollywood, que podríamos considerar como sus primos lejanos y ostentosos. Esas versiones no estarán presentes en las siguientes páginas. Este libro trata sobre la profunda experiencia del baile social, con la creatividad interactiva que fomenta.

En todo el mundo, las personas se reúnen para bailar tango en encuentros sociales llamados "milongas". Esta palabra también se refiere a uno de los tres géneros musicales que componen el tango, que surgió en las zonas argentinas y uruguayas del Río de la Plata (tango, vals y milonga). En el tango argentino hay una cantidad asombrosa de tradición e historia. Existen diferentes tangos correspondientes a diversas épocas, desde la década de 1880 hasta nuestros días. Las letras escritas para el tango podrían llenar volúmenes enteros. Las composiciones musicales fascinantes son increíblemente variadas, al igual que sus compositores. Todo esto, así como la historia del tango y cómo ha dado la vuelta al mundo, la moda y el diseño que ha influenciado, sus documentales, obras de teatro, producciones escénicas, películas y presencia en la literatura, constituyen bibliotecas y archivos que bien vale la pena explorar.

Este libro no tratará sobre ninguno de esos elementos. Este libro trata de la poderosa danza social, del acto de reunirnos para bailar juntos, y de nuestra conexión como personas. Estas páginas están dedicadas a ti y a mí. Esto se trata de nosotros, de cómo podemos entender el mundo que nos rodea y nuestro propio poder creativo. Se trata de despertar una mayor conciencia de nuestra sensibilidad y de vivir nuestras relaciones a partir de esa conciencia. En lo que se refiere a ti y a mí, a nosotros y a los demás, el tango es a la vez "yo soy", "tú eres" y "nosotros somos", y es para nuestro mundo.

CAPÍTULO 1
NUNCA ESTAMOS SOLOS

Estamos juntos en esto, todos nosotros, en un gran baile.

Toda la danza y el movimiento, en su amplia variedad de formas, son importantes. Son actividades llenas de luz que promueven una consciencia creativa y positiva. Elegir movernos juntos y de forma consciente tiene un gran poder. Las danzas en pareja son de especial importancia para nuestro mundo. Para la comprensión humana.

Cuando te sostengo en mis brazos y bailo contigo, soy tu compañero, tu protector, tu familia... la más profunda comprensión posible de la no-dualidad humana... somos Dos – somos Uno – somos Dos, y así sucesivamente. Con esta comprensión es imposible que, si bailamos juntos, no te reconozca como parte de mi manada, de mi familia, y de ahí florecerá un entendimiento verdadero y abundante. Empatía y amor.

Abrazar a alguien en tus brazos y bailar con esa persona es una oportunidad para sanar.

Es un llamado a reconectar los lazos que hemos perdido. Es una de las experiencias más profundamente compartidas y enfocadas en el momento presente que tenemos a nuestra disposición.

Al principio, no nos damos cuenta de esto de forma intelectual, y por una buena razón: se trata de sensaciones más que de sentimientos emocionales. Es la conexión física la que responde a la sensación, que es bastante vulnerable a pensar demasiado y al apego de las emociones humanas. Incluso si tu pareja de baile es alguien cercano, y es tu propia emoción la que te impulsa a bailar, la conexión y reconexión aún es de la sensación en el presente.

Tanto a la hora de guiar como de seguir, siento a la persona con quien bailo. Si guío, entonces extiendo mi energía hacia esa persona, invitándola a seguirme y a crear juntos, sintiendo cómo crear el entorno para que pueda mantener esa energía, llevándola más allá de mí. Si estoy siguiendo, entonces siento hacia dónde se expande mi pareja en el mundo, y fluyendo dentro de esta conexión respondo para dar una forma creativa a la culminación de su energía. Intención conectada.

Cuando la música se incorpora a la mezcla y se suma la espectacular comprensión física de marcar el paso, junto con su ausencia en largas frases indefinidas, el tejido del espacio se vuelve audiblemente-visible: la magia de la danza, la bendición de la conexión. La unión.

El poder de esta comprensión es simple. Nunca estamos solos. Es nuestra realidad humana. Incluso si tú no le prestas atención o eres inconsciente de ello, siempre estamos conectados con los demás. Desde el momento en que somos concebidos y nacemos de otro ser humano, hasta nuestra muerte física, formamos parte de las personas. Conectados. Desde grupos de niños aprendiendo juntos, hasta servir comida en un restaurante, sentarse en un sofá diseñado y fabricado por otros, caminar por un sendero que otros recorrieron antes, tener hijos, mirar el océano y recordar una pintura que hemos visto o pintar un cuadro para que otros lo vean, o sencillamente leer estas mismas palabras, estamos conectados.

El profundo beneficio de comenzar a considerar la conciencia de Uno – a Dos – y de la pluralidad de nuestra conexión, es que nos convertimos en participantes más activos en nuestras decisiones y nos sentimos más completos en nuestra comprensión de los demás. El efecto más notable que tiene en nosotros, es que nos afecta individualmente. En pocas palabras, al ser conscientes de nuestra conexión con los demás, aprendemos más sobre nosotros mismos. Al conocer la experiencia de abrir nuestros corazones y mentes a las conexiones energéticas, con tan solo tomar conciencia del hecho de abrirnos, ya hemos iniciado un despertar que nos sana a nosotros y a nuestra comunidad; al mundo.

Hay quienes dicen que salen a bailar una noche en particular porque no quieren quedarse en casa y sentirse solos. En realidad, es una afirmación bastante acertada, porque solo se trata de un "sentimiento" de no estar acompañados. Nunca están solos. En estas situaciones, es especialmente positivo que hayan elegido salir a bailar con otras personas y experimentar el baile en pareja dentro de un grupo más amplio de personas.

Cuando decidimos estar con un grupo de personas que participan juntas en una actividad, tenemos una sensación inmediata de pertenencia. Puede ser que en unos momentos te sientas más parte de esto que en otros, pero, de nuevo, eso es solo un sentimiento emocional. Una función de la percepción. Somos… existimos, por el simple hecho de estar ahí. Por lo tanto, la observación consciente del grupo, y de nuestro ser, forma parte de la gran interacción humana que tenemos en nuestro planeta. Como humanos, no solo podemos participar: podemos ser conscientes de nuestra participación, y con esa conciencia podemos elevar nuestra experiencia, individual y colectivamente. Estamos siempre en una danza bellamente entrelazada de sensaciones compartidas.

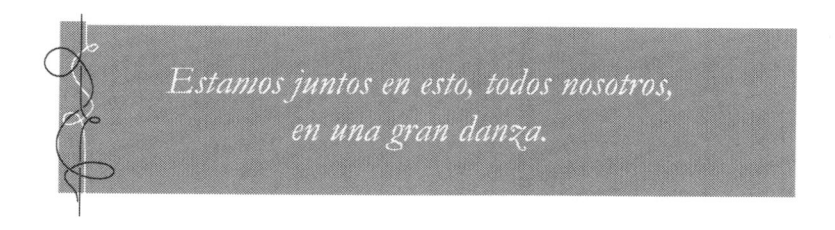

Estamos juntos en esto, todos nosotros, en una gran danza.

CAPÍTULO 2
CONTIGO EN MIS BRAZOS

Te siento... la sensación de tu ser, de tu existencia.

Esta es una de las experiencias más unificadoras que existen y sucede contigo en mis brazos.

Tomando en cuenta la creatividad de mi libre albedrío, mientras simultáneamente honro tu presencia a mi lado, es una verdadera expresión de unión.

La meta es experimentar la unión mientras interactuamos a diario con otras personas, más allá de la pista de baile, en el mundo real. Es un camino donde derribamos barreras y regresamos a nuestra esencia: la conexión. Podemos aplicar los principios de bailar juntos en el mundo y estar conectados, mejorando la armonía global y moviéndonos en unidad. Podemos llevar la danza a la vida diaria.

Los primeros pasos consisten en derribar las barreras que nos separan para poder reconectarnos. Estas barreras a menudo se construyeron a partir de una idea de autosuficiencia, de pensar que estamos solos y separados, de querer salir adelante solo por nosotros mismos.

Sin embargo, nunca estamos realmente solos. Todos estamos conectados. Todas las personas en nuestro planeta están aquí y nuestra unión puede traer felicidad.

La danza nos regala un flujo continuo de conexión y felicidad. Así es bailar en los brazos del otro. Esto es lo que descubrimos cuando bailamos. Es nuestra realidad. Cuando te tengo en mis brazos, o tú me tienes en los tuyos, estoy listo para guiar o para seguir. Lo acepto. Estoy listo para bailar. Y bailamos…

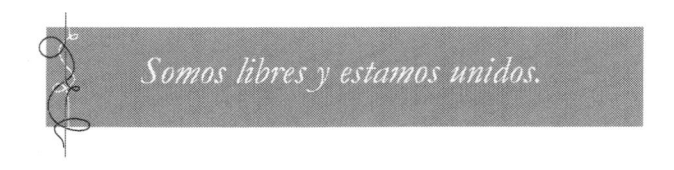

Somos libres y estamos unidos.

Damos vueltas y más vueltas por la pista de baile en nuestro tango. Junto con otras parejas, exploramos el espacio, como aves volando juntas en bandadas que cambian rápidamente. Somos libres y estamos unidos. Estamos íntimamente separados como parejas y, sin embargo, nos fusionamos como parte de un todo. Tenemos propósito e intención, pero también abandono y libertad fuera de toda estructura.

El tango es especial. La conexión va más allá de un sentido de confianza, que es solo el primer paso para apreciar su verdadera profundidad. El último escalón de la comprensión es el amor. El tango es amor, en el sentido más humanitario y unificador de la palabra. No se trata de imágenes del tango ni del arquetipo de bailarines sensuales arrasando en la pista con medias de red y sombreros fedora. Se trata del baile en sí. Al guiar o seguir, el momento de conexión improvisada está lleno de caminos que se transitan con amor: honestidad, sinceridad, escucha, comunicación, unión. Es permanecer en tu propio centro mientras lo compartes con otra persona.

Cuando nos abrazamos, sabemos lo que se siente estar a salvo. Es como si el mundo entero se detuviera por un momento.

Debo acordarme de exhalar.

Soy consciente de que hay personas que no están experimentando ese abrazo en este momento. Esta sensación de seguridad. Este instante de sumergirse completamente en un movimiento positivo, en los brazos del otro. Cuando nos abrazamos, también estamos conectados con ellos. Los estamos incluyendo. Es como si el mundo entero estuviera presente en nuestro abrazo.

Al permitirnos bailar, practicamos el amor y la bondad. Contribuimos al bien mayor y a nuestra humanidad. Con el poder del abrazo, creamos olas de energía que se replican a sí mismas. Transmitimos activamente nuestra energía positiva combinada, que está intrínsecamente conectada con el mundo que nos rodea.

Por eso, podemos bailar libre, alegre y profundamente al mismo tiempo. Estamos conectados y somos todas estas cosas, que brillan cuando bailamos.

CAPÍTULO 3

SANANDO NUESTRA HUMANIDAD

La comunicación comienza entre nosotros. Cuando abrazamos a alguien, cuando improvisamos con esa persona, cuando caminamos por la calle, estamos expresando y viviendo nuestro potencial como humanidad colectiva. Con conciencia y reflexión podemos empezar a tener experiencias más conectadas con todos, y vivir más felices y plenos.

Podemos aprender a profundizar esta práctica bailando juntos. Abrazar, improvisar y movernos unidos con entendimiento, comienza con la comunicación entre nosotros. Hay muchos aspectos en la experiencia completa del baile que pueden ayudarnos a mejorar la comunicación y la comprensión. Movernos juntos es una experiencia significativa. Nos sostenemos, creamos a medida que avanzamos, mientras nos desplazamos en el espacio. Este es el ABC básico de nuestra comprensión.

A. Abrazar

Cuando te abrazo, mi corazón escucha al tuyo. Te escucho. Siento que me escuchas. Cuando respondes a la más mínima señal de mi pecho, porque mi "corazón" escucha a tu "corazón", sé que los problemas del mundo tienen solución. Bailamos desde nuestra comunicación, y tengo fe en nosotros, en la raza humana.

Tengo fe en nuestro tango.

Algo sucede cuando empezamos a bailar. Todo se serena hacia un sentido de comunión interior. Lo siento en mi plexo solar, en mi pecho. Suelto cualquier idea preconcebida sobre este momento para encontrar una mayor sensación de calma. Mi corazón encuentra una vibración más reconfortante, de quietud silenciosa. Encuentro un espacio para escuchar antes de hablar.

Desde este lugar es que mi corazón encuentra una conexión sensorial de flotabilidad.

La contracción y expansión natural, el ascenso y descenso a la gravedad y al espacio, la exhalación y luego la inhalación: es aquí donde mi corazón puede abrirse al tuyo. Comienza nuestro baile.

En este lugar interior, aparentemente más pequeño y central en cuanto a la geografía física, es donde se encuentra mi mayor expansión. Aquí, mi núcleo más conectado se llena de energía vibrante. Aquí es donde entiendo mi eje y estar en equilibrio desde mi centro. Voy a girar, pivotar y dar vueltas sobre y alrededor de este lugar. Evoca naturalmente una imagen de nuestro ADN parecida a un móvil eólico. Una imagen que sugiere la simple sofisticación de un centro vibrante alrededor del cual girar.

Fuera de la pista de baile, abrazar es el encuentro o el reconocimiento del otro. Conocemos gente todo el tiempo. Están ahí. Aunque no hagamos contacto, nuestro saludo es un tipo de abrazo. Es cómo decidimos reconocer que estamos juntos en este momento presente. El "abrazo", el saludo, el ver a la persona a tu lado en la fila del banco, todo tiene que ver con reconocer nuestra conexión. Prestar atención a algo ya existente.

No se crea nada nuevo, la conexión en el presente ya está ahí. La conciencia plena es nuestra elección.

B. Improvisar

Hay una experiencia real de libertad en la improvisación.

Somos instrumentos activos de creatividad, llenos de la inevitable liberación del encuentro con la incertidumbre. Dibujamos el mapa, un mapa que solo se ve claro en el espacio y tiempo cercanos... Nuestro momento presente de baile.

Navegamos este terreno con guías: la música y nuestro libre albedrío.

Parece una contradicción llamar al libre albedrío una guía, pero es aquí donde nuestra toma de decisiones creativa se convierte en la guía del baile. Las acciones que emprendemos tienen una reacción directa en el mundo a nuestro alrededor. Estamos improvisando, pero tenemos intención, que viaja a través del pensamiento y conduce a la acción. Participamos, dentro de la comprensión del espacio y del tiempo, con la música.

Bailando con nuestra conexión, como un instrumento compartido, mi intención se manifiesta hacia ti y viaja a través del espacio entre nosotros.

Tus respuestas son las articulaciones y coyunturas de este puente de comunicación.

Tus actos, en respuesta, son la recepción positiva de la vida. Esta es la máxima expresión de unión. La suprema no-dualidad de dos, que son uno, pero siguen siendo dos.

Como instrumentos entrelazados, entramos de lleno en esta unión, iniciando nuestras propias partes en la partitura. Yo inicio la intención de guiar. Tú, conectado, sigues con el esternón y el cuerpo, dibujando formas con las piernas, los pasos y el cambio de peso. Tú eres la culminación del inicio del movimiento. Su continuación melódica.

Ya no estamos considerando el entorno del acompañamiento musical. Hemos exhalado y saltado directamente a la partitura espacial del tango, con música o en un silencio visual, a capela.

Fuera de la pista de baile, improvisamos las decisiones creativas que tomamos juntos. También estamos tomando decisiones para compartir información conscientemente. Ya sea al planear una fiesta de cumpleaños con familiares y amigos cercanos o al llegar a un cruce vehicular con peatones andando, estamos en un momento de improvisación juntos. Conectando, compartiendo, decidiendo, interactuando... bailando.

C. Viajar

El espacio dentro de mí converge hacia abajo y, junto con tu elegante reacción creativa, me lanzo hacia adelante. Si tú eres la vela, yo soy el viento. Finalmente, nos expresamos en el espacio.

Los vibrantes impulsos que nacen en cada paso ponderado tienen una cierta elevación. Hay una sensación de flotar a través del espacio.

Somos conscientes de nuestra conexión y del suelo, que simula aparecer simplemente debajo de nuestros pies a cada paso ilimitado que damos. La definición del espacio solo llegará a través de nuestra conciencia, no de las limitaciones percibidas.

Viajamos juntos, al igual que los demás a nuestro alrededor. El espacio es un lienzo multidimensional en que nosotros dibujamos. Círculos, cuadrados, líneas, triángulos y combinaciones, la geometría se funde en volumen y viajamos en patrones infinitos, por caminos, juntos. Una cantidad infinita de combinaciones hace que esta parte de nuestro trayecto sea nueva, creativa, única y original.

Este es un viaje importante y especial, porque no estamos solos. Estamos en los brazos del otro. Somos una expresión de gratitud por este viaje.

La pasión, la nostalgia, la alegría, el dolor e incluso la vertiginosa ligereza que están impresas en la historia del tango son una expresión de nosotros. Una historia danzante de la humanidad de nuestro planeta. La paz de entender nuestro viaje nos hace comprender el verdadero alineamiento evolutivo del próximo baile.

Viajar en este tango es parte de nuestro viaje. Es cíclico. Nace, se vive, descansa... solo para volver a empezar. El próximo tango parece una continuación, o una reencarnación. Es un derecho de nacimiento y a la vez, un paso hacia la gracia.

Por ser parte de todo esto, expresado a través de la simple sofisticación de un abrazo contigo y tenerte en mis brazos, estoy agradecido. Fuera de la pista de baile: viajar es el camino hacia la evolución.

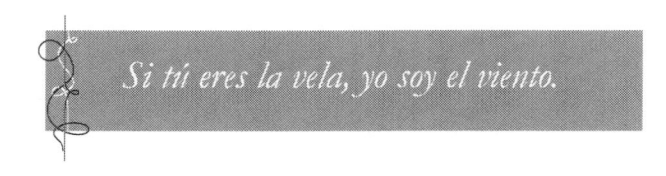

Si tú eres la vela, yo soy el viento.

Verdaderamente, la decisión de movernos juntos hacia un mapa espacial amplifica el contexto de nuestras posibilidades. Ya sea esperando a cruzar la calle con buenos amigos, corriendo un maratón o adelantándonos en la fila para pedir café junto a gente que no conocemos, la decisión de movernos hacia el espacio en acuerdo es parte de nuestra evolución. El tiempo y el espacio se encuentran y son definidos por nuestra conexión y nuestras decisiones. No al revés. Este es nuestro viaje.

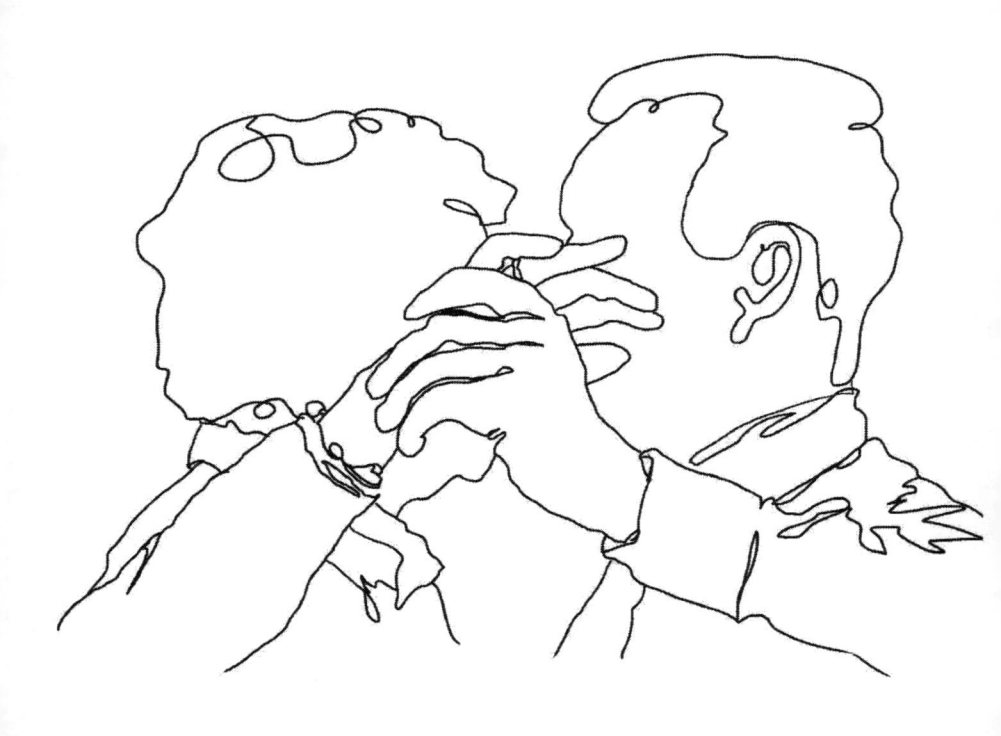

CAPÍTULO 4
UN MUNDO DE BAILE

Mientras vamos por la vida conocemos personas nuevas. También nos reencontramos con quienes nos rodean a diario, a veces incluso varias veces al día. De acuerdo, pero reunirse a bailar no es como los otros encuentros que experimentamos en la vida cotidiana... ¿o sí?

Ese es precisamente el punto.

Cada vez que inicias una conversación con alguien, caminas a su lado, te sientas a comer, estás en un ascensor, compartes un cruce de miradas, interactúas... estás invitado a bailar. No solo durante ese momento "incómodo" en que te topas con alguien y no sabes si moverte a la izquierda o a la derecha para evitar chocar, antes de que alguno piense o diga en broma... "¿bailamos?". La interacción con otros seres humanos es un baile definitivo e inevitable. Puedes ignorarlo, evitarlo, participar lo menos posible; todo eso es válido, pero sigue siendo un baile.

El mundo es como una pista de baile gigante, la "coreografía" está en manos de todos, con pocas reglas y más constantes de conexión de lo que podrías pensar. Improvisamos. Creamos juntos. La palabra clave es juntos y todo empieza con el encuentro, la invitación.

Te miro, asiento con la cabeza y te invito a bailar, me acerco a ti. Comenzamos con un abrazo que avanza con mis brazos levantando hacia una posición. Ofrezco la mejor estructura que puedo, un marco que me representa y al mismo tiempo te invita a ocupar tu espacio conmigo. Te ofrezco un lugar para bailar juntos. Espero, la paciencia en su forma más pura nunca disminuye el entusiasmo. Reemplazo la expectativa por entusiasmo energético.

Cambiemos los roles. Me has invitado a bailar.

Acepto. Me acerco a ti. Entiendo la energía que impulsa la posición de tus brazos. Tu marco. Comienzo a ajustarme para deslizarme en el espacio entre tu torso y tu mano. Entro en este espacio. Levanto mis brazos, con sencillez y seguridad, colocando mi mano izquierda en tu hombro y mi mano derecha en la tuya. Nos tomamos de las manos. En respuesta a tu postura, inclino levemente mi cuerpo hacia ti, no solo como una posición que facilita dar pasos, sino para prepararme para el baile. Mi pecho cerca del tuyo. Mi corazón cerca del tuyo. Una danza de dos.

Quien guía sabe que estás listo para moverte, así como quien sigue sabe que estás a punto de guiar. La energía entusiasta nos lleva por el camino de menor resistencia, mediante una participación cooperativa. Exhalamos, y por un momento el resto del mundo parece desaparecer. Estamos juntos. Nos hemos encontrado.

Cuando vamos por la vida nos encontramos con muchas personas. La intensidad de la respuesta y la implicación no tienen por qué ser iguales a las de prepararnos para bailar un tango, pero seguramente cada encuentro merece mayor atención y participación cooperativa de la que solemos darle. Podemos elegir activamente bailar con el mundo de forma comprometida y respetuosa, manteniendo la firmeza de nuestra propia voz. Al hacerlo, creamos la canción de muchas voces o la danza de muchas danzas. Muchos bailes ocurren al mismo tiempo en el planeta. Esto significa que la participación conectada es crucial para que la humanidad evolucione activamente.

Somos conscientes de estos beneficios. Podemos estar tan desconectados como sociedad que ahora los actos de amabilidad general pueden malinterpretarse como algo negativo. ¿Hemos dejado que el mundo llegue a un punto en que sonreír a alguien, una simple sonrisa, no inspira confianza? Al tratar de resolver estas malas interpretaciones, tenemos que recuperar la conciencia de que todos estamos aquí juntos. En esencia, debemos comenzar por aceptar aprender a bailar de nuevo, juntos.

Las danzas en pareja, en este caso el tango, benefician a todos. Ayudan a conectar nuestras experiencias con las de otros. Por supuesto, esto también ocurre con las danzas grupales, que son fantásticas y están llenas de rica unidad. Son como una celebración en el movimiento, transmitiendo información, como volver a contar historias alrededor de la fogata, o incluso una conexión con la genealogía y la historia. El tango no es una danza colectiva, pero el grupo está siempre presente en el individuo, así como en la pareja. Al decidir ir a bailar tango en grupo, la improvisación de muchas parejas alrededor de la pista establece una clara relación con el mundo exterior: la capacidad de explorar una comprensión más consciente de la conexión.

Si empezamos por las danzas en pareja, se produce automáticamente una consideración del "otro" y su significado para el "yo". Al principio, puede parecer que la parte más profunda sea el concepto de que, si sostenemos a alguien en nuestros brazos, conectaremos, de forma innata le cuidaremos y sentiremos una compasión mayor, lo cual es cierto y es maravilloso. Pero la experiencia verdaderamente reveladora es empezar a conectar los hilos con otras personas con las que no hemos bailado. Si abrazas a un ser humano y ves a toda la humanidad en él, estás bailando con la humanidad. Es una conexión increíble.

Algo tan simple como un abrazo nos da la oportunidad de participar en el poder ancestral de la danza, transmitido de generación en generación. Es nuestro momento para vivir ahora, pero es una acción realmente de y para todos. El abrazo está presente en este mismo momento en el mundo: muchos bailando juntos. Seguimos desarrollándonos a medida que consideramos la evolución de la danza a través de una comprensión colectiva.

Esto toma nuestros encuentros mutuos, en la vida o en la pista de baile, y los sitúa en un todo colectivo. Esta es la conexión que lleva a una mayor comprensión en el mundo. Somos capaces de encontrar puentes hacia otros en todo el mundo, que nos llegan a través de la historia y avanzan hacia las generaciones futuras. Esto es lo que hace que nuestra experiencia humana del libre albedrío sea tan fascinante. Este contexto puede sorprendernos, pero se halla en nuestra composición orgánica de quién y qué somos. Es nuestra realidad, le prestemos atención o no.

> *Esta es la conexión que lleva a una mayor comprensión en el mundo.*

Si nos permitimos ser conscientes de este contexto y conexión, podemos experimentar conscientemente las dimensiones de la existencia juntos. Somos capaces de tener una comprensión más elevada del "yo", incorporando verdaderamente al "otro", y de cómo vivimos esa relación. Esta experiencia conjunta que avanza en espiral a través del tiempo no es una sencilla lección del pasado: es una experiencia dimensional en la que puedes "hincarle el diente". Fuimos, somos y seremos humanos. Somos el "yo" y somos el "otro". Juntos nos comprendemos a nosotros mismos y a nuestra existencia con mucha más profundidad. La oportunidad de encontrarte en nuestro tango, una danza que nos brinda un vehículo para entender mejor, relacionarnos y amar a los demás, es un llamado a conectar conscientemente con nosotros mismos. Podemos bailar en nuestro espacio, en nuestro tiempo, reconociendo la totalidad. Podemos bailar un tango para nuestro mundo.

CAPÍTULO 5

UNIDAD

La danza nos ofrece la oportunidad de superar fronteras y barreras hacia la unidad. Es una forma de volver al centro, de derribar divisiones percibidas y construir un todo fortalecido. En esta oportunidad de tomar momentos para estar presentes con otros, se revela esta verdad: estamos más unidos cuando bailamos juntos conscientemente, cuando tomamos la decisión de participar activamente el uno con el otro. Esto en realidad es mucho más fácil de lo que piensas; es una realidad simple, agradable y hermosa. Aunque hayamos acumulado muchos hábitos negativos que bloquean nuestra percepción y comprensión, esta interacción conectada es nuestro verdadero estado natural. Siempre está ahí, solo tenemos que observar nuestra participación. Todo lo que hacemos es creativo.

Ser más conscientes de esto nos ofrece una forma sencilla de entender cómo estamos unidos. Al movernos juntos, debemos responder y al mismo tiempo tomar decisiones: ¿Adónde nos lleva esto? ¿Cuál es el siguiente paso? ¿Adónde iremos juntos por el espacio? ¿Cómo nos estamos moviendo? A medida que nos volvemos más proactivos en nuestra participación, comprendemos que, realmente, no existe una gran presión en esto. ¿Por qué? Porque siempre lo estamos haciendo, nos demos cuenta o no. Somos creativos. Creamos constantemente. Así que no se trata de empezar a crear, sino de ser conscientes de las cosas que creamos permanentemente. De esta forma, somos inmediatamente conscientes de la creatividad del otro y de hacer que sucedan cosas juntos. La decisión. Ahí es donde comienza todo. Es el poder de elegir despertar y unirnos, de tomar la decisión consciente de bailar juntos. Si te sostengo y me sostienes, proclamamos un momento de unión en tango. La danza es un viaje y lo navegamos juntos.

Creamos constantemente.

Esta es la gran semilla de verdad sobre la comunidad. Yo estoy aquí. Tú estás aquí. Juntos bailaremos. En realidad, ya estamos bailando. Por lo tanto, puedo utilizar la comprensión de las sensaciones conectadas en mi cuerpo, en nuestros cuerpos, como punto de contacto del verdadero comienzo de la comunicación.

El lenguaje corporal unido, el inicio de una conversación de movimiento que nos une.

Un ejemplo poderoso de esto es cuando bailas con alguien que no habla tu idioma. No puedes usar palabras para comunicarte. Debes encontrar otro modo de conversar, de entender a la otra persona. Así que, sugiero con mi cuerpo que aceptes entrar en un espacio hacia el que te conduzco, y tú aceptas, y el baile comienza. Podemos expresar una sencilla estructura llena de cortesía o una plataforma de pasión; un retozo ligero y amistoso, o una carrera dramática e intensa; puede ser cualquier cosa entre esas experiencias o más allá de ellas. Tanto si hablamos con palabras como si no lo hacemos, estamos juntos en comunidad, y nos movemos.

La elección es nuestra, y es al elegir comunicarnos que nos unimos a una conversación universal, que en sí misma promueve una vibración más real de empatía y una unidad sanadora. Cuando se baila con personas de otras culturas, orígenes, circunstancias de vida o pasiones, es necesario elevar un crecimiento sanador e íntegro para nosotros, nuestras comunidades y el mundo. Considerar a la danza como un vehículo, incluso simplemente entendiendo el concepto, te permite aplicarlo en cada interacción con otras personas. Puedes aplicarlo para comprender a otros, incluso si no están cerca tuyo. Puedes tenerlo en cuenta al ver una noticia, un documental, leer un libro, o al oír hablar de otras personas a amigos o maestros. Si sabes que estamos bailando, colectivamente, y que este baile llega hasta el otro lado del mundo, entonces estás viendo la unidad activa y conscientemente.

No tienes que bailar en una pista para ser consciente de la danza que bailas con todos a tu alrededor. Solo tienes que escuchar y comunicar. Ser consciente de tu conexión. A medida que comienzas a pensar en el otro, profundizas la plenitud de tu experiencia individual. Esta es la danza unificadora en la que todos participamos.

Si estoy corriendo para tomar el autobús, y solo tengo unos minutos antes de que parta, tendré que esperar mucho para el siguiente, por lo que tengo un "tiempo límite". Este es uno de los momentos más poderosos para observar la danza. Desde mi salida del apartamento, pasando quizás por apretar el botón en el ascensor, la experiencia de las paradas en distintos pisos, compartir el espacio con otros, salir corriendo del ascensor, abandonar el edificio, apurarme para pasar entre la gente, quizás explicando la urgencia que tengo, etc., etc. Estoy bailando. Estoy en una situación de movimiento rápido interactuando con otras personas. Ya estamos interconectados, pero aquí veo la realidad condensada.

Lo que obtengo de esta conciencia es que puedo esforzarme por lograr mi meta y ser consciente de todos los demás al mismo tiempo. Puedo entender que todos son participantes en mi baile, como yo lo soy en el de ellos. Estamos conectados, tenemos metas individuales y compartimos nuestros momentos de interacción, porque este es el baile que danzamos. Se trata de ser seres humanos en nuestro edificio, ascensor, calle, autobús. Puede ser un "baile urgente", sí, pero un baile al fin y al cabo.

Al reflexionar sobre nuestras experiencias, comprendemos que estamos interconectados. No solo dependemos unos de otros para lograr metas concretas, sino que vivimos y respiramos el presente juntos, improvisando sobre la marcha. Lo "descubrimos" como un equipo.

Bailando un tango en grupos y unidades, la unidad es omnipresente. Es en la consciencia de esta unidad donde encontramos sanación profunda y la conexión que nos define a nosotros.

Observando a la gente bailar juntos en la pista de baile, nos volvemos más conscientes de este estado de interconexión en la cual existimos juntos. Empezamos a notar la relación entre la pista de baile y la calle, el bar, el banco, la playa, el parque o cualquier lugar donde haya personas. Comenzamos a ver nuestra unidad con mayor claridad. Bailar juntos es una manera maravillosa de "afilar" nuestras habilidades de percepción en las interacciones cotidianas. Si nos permitimos respirar, conectar y sentir el placer de bailar juntos, creamos una "práctica" positiva, un "disfrute" colectivo; esto aporta al mundo una energía compuesta por nosotros mismos.

La danza nos une. Al movernos juntos, vemos cuánto tenemos en común. Nuestras necesidades, sueños y deseos están entrelazados, son sorprendentemente similares. Cuando bailas con alguien, hay un entendimiento que va más allá de las palabras. Bailas con la persona tal como llega a tus brazos. Abrazas un ser moldeado por su cultura e influyente sobre su entorno.

Esa persona, a su vez, te abraza junto con todo lo que eres. Se produce una unión que no es solo simbólica, sino práctica, táctil, real. Compartir energía en la danza disuelve fronteras y límites. Ninguna división ni barrera puede separar esa conexión. El baile es posible gracias a esta conexión, y no al revés. Solo nosotros mismos ponemos las barreras; no existe imposición externa de ningún tipo.

Bailamos porque estamos conectados, no a la inversa. La unidad que expresamos al bailar es LA unidad. En el tejido de nuestra existencia encontramos los puntos imperceptibles de vinculación. Vemos dónde termino yo y dónde empiezas tú, cómo se superpone nuestra energía. Como círculos que se extienden más allá de lo físico, nos entrelazamos, mezclamos, conectamos. Por eso bailamos juntos. La interconexión que experimentamos simplemente por ser parte de este mundo es el vínculo que origina la danza. La elección está en la consciencia. Podemos despertar a la percepción de esta trama humana. Tenemos el libre albedrío de ver o no ver, de sentir o bloquear. Estos lazos que compartimos no conocen fronteras.

Cuando accedemos a esta conexión, empezamos a aislar el egoísmo y el egocentrismo, comenzamos a considerar que no estamos por encima ni somos "más importantes" que nada. No se debe a una falta de autoestima, somos invaluables y únicos, sino a que, al conectarnos con el todo, apreciamos ser parte esencial de algo más grande. Con esto encontramos nuestro lugar, entendemos cómo estamos sincronizados y en armonía. Una armonía enriquecida por nuestras contribuciones individuales a la red humana global. Una razón en el ritmo del desarrollo mundial humano donde todos jugamos un papel crucial.

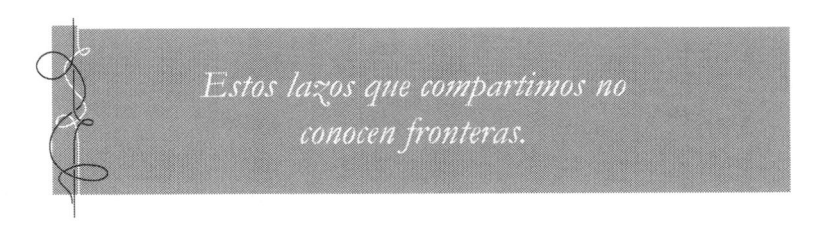

> *Estos lazos que compartimos no conocen fronteras.*

Esta consciencia es lo máximo en generosidad con otros y con nosotros mismos. Es el regalo que nos damos a nosotros mismos y los demás. Así es como crecemos juntos y hacemos del mundo un lugar mejor. Soy capaz de ir más allá de cualquier límite autoimpuesto y encontrarme con otros en los suyos. Escucho, te oigo. Miro, te veo. Toco, te percibo. Bailo contigo. Esto es global, internacional, intercultural, y nos une a todos.

CAPÍTULO 6

RESPIRANDO

En el momento previo a bailar, hay un necesario relajamiento de la respiración. Se crea una especie de vacío.

Es el instante más importante para permitirte tomar consciencia del presente, del ahora. Es a través de este diminuto "orificio", como un vacío, que te conectarás con quienes te rodean, con tu pareja de baile. En este espacio eres capaz y anhelas escuchar. Para adentrarte en este espacio, la exhalación posee una importancia notable. Al enfocarte en exhalar, creas lugar para una presencia calmada y así comprender el flujo.

Así como el agua se retira de la orilla antes de la ola, la exhalación vacía excesos y permite al centro encontrar su verdadera expansión, produciendo el regreso del aire en la inhalación.

La comprensión profunda del ritmo, la musicalidad, el espacio, el tiempo, la dimensión y la comunicación es verdaderamente posible al entrar por ese instante donde la exhalación termina y la inhalación comienza. Es tu punto de partida, el inicio, el nacimiento. Aquí comienza el ciclo. Aquí encuentras una gran comprensión de la comunicación. Aquí eres equilibrio. Aquí has permitido que la contracción alcance un punto de eminente relevancia, para que conduzca a la expansión necesaria. La inevitabilidad del aliento se entrelaza directamente con el ascenso y la caída secuencial del movimiento. Tú y tu respiración son la ola sobre la que el movimiento se desplaza, no al revés. Esto se debe a que tú creas el movimiento. El movimiento está hecho de ti, de todos.

En este espacio todo es relativo, lo que parece silencio está lleno del movimiento y la vibración de la música, y lo que parece vacío es el movimiento de un vacío conectado a nuestro inicio, a quienes somos realmente. Este es el espacio de la creatividad. Este es el espacio de la participación. El instante donde comienza una nueva etapa. Un acuerdo contigo mismo para compartir con otros. Aquí entras en tu "estado de danza".

En el ascenso y descenso de tu aliento descubres oportunidades para escuchar. Escuchar a tu propio cuerpo, tu corazón, tus pulmones, la respiración misma, mientras escuchar a tu pareja, de los demás, está directamente vinculado a esta experiencia. Al escuchar tu propio corazón y aliento, comprendes la importancia de escuchar el de tu pareja. Al observar y celebrar los tuyos, también honras la respiración necesaria de cada ser, en todo lugar.

Al acercarnos a la "escucha" a través de la respiración, viajamos más allá del oído y el sonido, y a través de nuestros cuerpos. Esto deja lugar para la "sensación". Es comprender a través de la sensación y es la "escucha" a la que nos referimos. Cuando se practica con la respiración y la sensación, tu consciencia abre un universo. Las posibilidades son infinitas en la exploración de una realidad de movimiento.

Movimiento y Respiración son una misma cosa. Así sabemos que somos significativos en nuestra existencia, y comprendemos que somos parte importante de algo mucho más grande. Somos infinitos en el espacio. Más allá de la necesidad de una medida matemática o una definición geométrica. Pertenecemos a lo grandioso.

Esta es la clave para experimentarnos en nuestro mundo. Es la clave para entender que las piezas encajan, incluso cuando no estamos seguros de cómo. Aunque transitamos ajetreados nuestros días en la tierra y quizás no percibimos la unidad, está ahí. Al igual que nuestra respiración. Al igual que nuestro tango. Estamos juntos en esto.

Mientras nos relajamos para hallar nuestro nuevo nacimiento, vivimos el renacer de todos. Es en ese espacio que entendemos quiénes SOMOS verdaderamente.

A través de este "estado de danza" puedes experimentar tus relaciones con cada persona que encuentres.

Para lograrlo enfoca una mayor conciencia en tu respiración e, inevitablemente, en la exhalación e inhalación. A veces hay un espacio para esperar esa exhalación. Como una suspensión. Es entonces cuando nos damos cuenta de que la paciencia es realmente una experiencia activa. Estás en un lugar observador de escucha. Siendo paciente, sabiendo que siempre encontrarás la respiración, porque es tuya. Es lo que eres. No hay "necesidad" de apresurarse, sino una elección de tiempo y dinámicas. Un movimiento activo hacia la participación musical. Esto es lo que nos une con todos los seres vivos que RESPIRAN.

A través del aliento, podemos comprender y ser más conscientes de nuestra creatividad y, por lo tanto, acoger la intención. Nuestro libre albedrío y conciencia, como humanos, significan que siempre somos creativos.

Esta intención, desde este espacio, es el lugar para entender el deseo y el libre albedrío, y saber si nosotros, juntos, estamos haciendo lo que deseamos. Aquí es donde podemos dejar de descender sin control o salirnos de órbita. Este es el espacio sagrado del momento de creación que se repite con cada respiración a través de cada instante de la vida, con la vibración de la contracción y la expansión. Las aplicaciones de un "estado meditativo" se comprenden en su profundidad como activas, y no inactivas. Este es el "estado de danza" que es el momento del nacimiento. Así, somos capaces de vivir un recorrido cíclico conectado de muchos renacimientos, a medida que seguimos por momentos de quietud y relanzamiento.

Nuestra redirección consciente de la energía es el resultado directo de tomar conciencia, lo nuevo, el renacimiento.

Experimentar y practicar esta respiración y conciencia mientras se baila con otra persona es uno de los elementos más valiosos del baile en pareja. La oportunidad de emprender un viaje y experimentar el baile en diferentes parejas y grupos refleja la experiencia de la vida diaria en el mundo. La vida en la pista de baile refleja la vida fuera de ella.

Veamos un ejemplo. Cuando estoy sentado en una cafetería y alguien se acerca para preguntarme algo, puedo tomar un momento para prestar atención, exhalar, estar presente por un instante y escuchar. ¿Me están pidiendo una silla para sentarse en otra mesa, indicaciones o quizás me recuerdan de otro lugar? Utilizo ese momento como una redirección momentánea de mi atención y tengo un breve baile conmigo mismo. Estoy en un "estado de danza" receptivo y activo. Escucho con mayor paciencia, tal vez más capaz de comprender lo que la persona quiere decir.

> *La vida en la pista de baile refleja la vida fuera de ella.*

Ese es un ejemplo simple, solo en una cafetería con una persona acercándose. El desafío es aplicar esto a una larga cola en el banco, un atasco de camino al trabajo, una clase de yoga o un mercado concurrido; ahí es donde necesitamos práctica y aplicación continua. Cuando experimentas tu importante rol en el panorama más amplio, irradias una participación activa en la condición humana. Aquí es donde "respirar juntos" resulta vital. A través de esta forma de vivir encuentras una experiencia mucho más profunda, abundante y satisfactoria. Se trata de la no-dualidad del yo-tú, tú-yo de la danza. No solo apunta a lograr un mundo exterior mejor y más holístico, sino que también apunta a hacer a tu mundo interior más completo, satisfecho y pleno. Ambos son importantes porque están conectados.

Creamos en el exterior lo que estamos creando en el interior.

Esta es la más grande lección que refleja bailar tango con alguien: el espejo que experimentamos al seguir y guiar a través de la improvisación. Una de las mejores aplicaciones para crear adentro y afuera inicia con la respiración, la consciencia, creando la dirección interna, dirigiendo la energía para comunicarte con la persona con quien estás y, finalmente, moviéndote.

Las experiencias importantes nos "mueven". Esta frase a menudo se refiere a una reacción emocional a una experiencia, recuerdo o pensamiento externo. A medida que usamos nuestra respiración para calmarnos, entendemos la relevancia del uso de la palabra "mueve" y cómo se relaciona con el movimiento físico real. Empezamos a examinar la motivación. Podemos crear, dirigir y redirigir nuestros movimientos en la pista de baile, y en el mundo, usando la respiración y eligiendo la consciencia. El beneficio de la conexión entre dos se relaciona con la conexión consciente entre muchos.

Por eso es crucial exhalar y luego enfocarse en respirar. Porque se nos dice que las circunstancias nos motivan, que las emociones nos mueven. Pero nosotros somos los que se mueven. Somos movimiento. Entonces, es nuestra intención la que creamos, es nuestra experiencia, somos nosotros. La respiración y su aparente inevitabilidad son el "microscopio" bajo el cual podemos examinar esta experiencia humana. Es nuestra entrada al movimiento. Despojándonos de la idea de aprender la danza desde afuera para practicarla y presentarla a otros. Sin la obligación de primero vernos o ser de otra manera. Con esto, ahora sabemos que somos eso y es nosotros; somos respiración, somos danza.

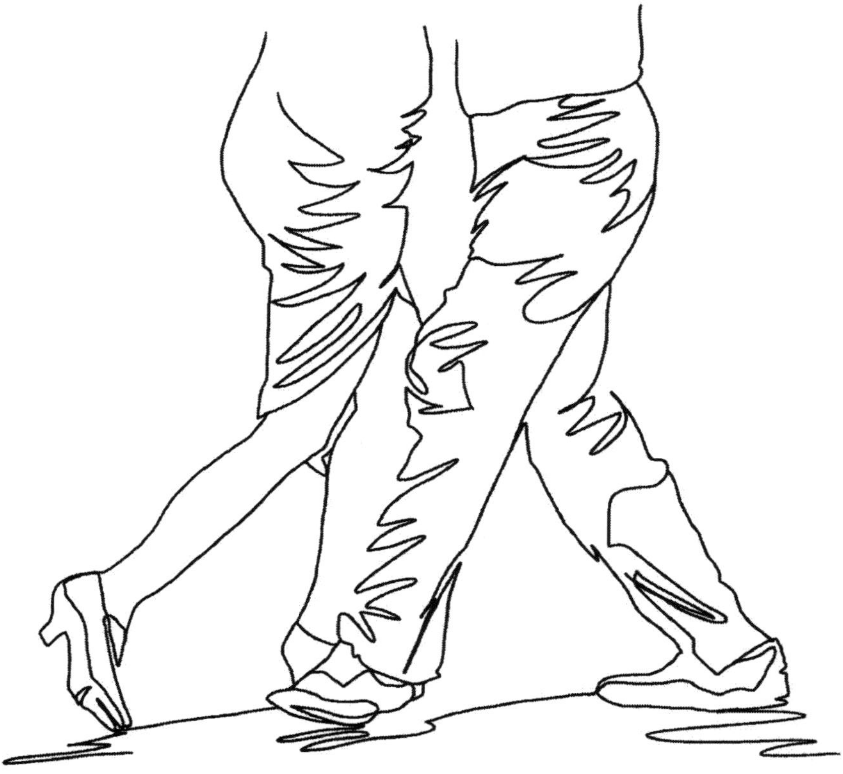

CAPÍTULO 7
EQUILIBRIO

¿Qué significa sostenerte en tus propios pies, y aún así comprometerte a bailar con otro? Libertad a través de la conexión.

Existe una relación inmediata con la no-dualidad del "otro" y de "nosotros mismos".

Si prestamos atención y aplicamos estos principios, el equilibrio y la caminata del tango nos enseñan cómo cooperar en la construcción positiva de la sociedad. Es la forma en que trabajamos juntos, conscientemente, para sanar, reparar y construir. El continuo crecimiento de nuestro mundo a través de la hermandad surge del microcosmos de la pareja, de cada uno de nosotros. Realmente podemos "ser el cambio que deseamos ver en el mundo" (atribuido a Gandhi). Esta es una práctica que vuelve tangible lo filosófico.

Podemos generar un cambio positivo en la forma en que comprendemos, acordamos, nos acercamos y bailamos juntos. Nuestro equilibrio es compartido, tuyo y mío.

Si te "paras en tus propios pies", entiendes tus capacidades y contribuciones, honras todo lo que eres capaz de dar, toda tu importancia. Al encontrar tu equilibrio e inclinarte hacia adelante, te muestras dispuesto a participar, a escuchar e indicar. Estás listo para comunicarte, para avanzar con otros y entender la responsabilidad del "contrato". Dejarás de girar en tu propia existencia sin un punto de referencia externo. Serás tú y el "otro", el otro y "tú". Esta es la belleza del tango. Así nos involucramos en nuestras comunidades y aprendemos a cuidar a los demás, a comprender a aquellos que pueden ser diferentes, y a encontrar puntos en común para navegar juntos. Es nuestro equilibrio comprometido de crear unidos.

Movernos a través del equilibrio es primero una meta individual y luego algo que compartes con tu compañero. Primero aprendes la importancia de tu propio balance, y luego compartes ese balance. Empiezan a crear un equilibrio entre ambos.

Creas un centro compartido para la pareja, pero nunca pierdes tu propio centro.

Cuando te preparas para bailar, debes estar en tu propio equilibrio y ser lo suficientemente autosuficiente para mover tu cuerpo. Esto es crucial, para no obstaculizar el movimiento pesando a tu pareja, o para no iniciar movimientos involuntarios causados por una caída. Este principio es esencial tanto si guías como si sigues.

En el movimiento, el equilibrio es un "ejercicio" dinámico de energía, no se basa solamente en la postura. Se crea a través de la iniciación y la secuencia de eventos en el cuerpo, los que dirigen tu andar en una estructura de balance en constante cambio. Esta "estructura" tiene menos que ver con la alineación del cuerpo y más con la física del movimiento y la iniciación creativa de nuestro ser físico. En términos más simples, si muevo mis brazos rápidamente y lejos de mi cuerpo, fácilmente podría perder el equilibrio.

Para evitar esto, debe existir una fuerza igual o mayor en una dirección opuesta para que el brazo no afecte mi balance. A menudo se atribuye un mayor sentido del equilibrio a un talento innato, pero se trata más del aprendizaje de este proceso de secuenciar y redirigir la energía. El equilibrio es una meta alcanzable y necesaria. Esto significa que estar fuera de balance es, simplemente, una elección.

Dicho esto, existen varias posiciones y maneras de distribuir el peso en los pies que te permiten encontrar el equilibrio. Para bailar, el balance no se trata solamente de no caer, sino de comprometerse con un sistema de equilibrio mientras te mueves. En el tango, esto se manifiesta en una postura ligeramente inclinada hacia adelante, más de lo usual. Esta posición nace de la intención de comunicarte con la persona frente a ti, con quien estás bailando.

Una forma sencilla de encontrar este equilibrio es mecerte hacia adelante y hacia atrás sobre tus pies, como si imitaras el esquí alpino. Inclínate hacia adelante tanto como puedas sin caer, luego regresa un poco a donde te sientas cómodo. Tus talones tocan el suelo y puedes sentirlos, pero soportan un poco menos de peso. La mayor parte del peso se distribuye hacia el centro y la parte delantera de los pies. Tus piernas pueden extenderse cómodamente desde la espalda hasta los talones.

Esta posición te prepara para inclinarte ligeramente hacia adelante con tu pareja, pero sin apoyarse el uno en el otro. Los talones no detienen tu movimiento, y al tener el peso más hacia adelante puedes pivotar sobre la "bola" del pie, y dar pasos más felinos, diferentes al caminar cotidiano. Esto es específico para bailar con tu pareja. Claro, si caminaras así por el pasillo del supermercado, probablemente recibirías muchas miradas. Pero, si te sientes aventurero, ¿por qué no?

Esta posición le indica a tu cuerpo y al de tu pareja que estás atento y listo para bailar. Es extremadamente importante mantener esta conexión y postura a lo largo del tango. Esto es lo que permite que guiar y seguir, desde el abrazo y la parte inferior del cuerpo, reaccionen de manera rápida y constante a las indicaciones. Esto es lo que te dará libertad a través de la conexión.

Un componente muy importante de este equilibrio en el tango es nunca permitir que el cuerpo se vuelva rígido. Hay una espiral natural que experimentamos al caminar todos los días. Si intentamos caminar sin ella, moviendo una pierna adelante junto al hombro del mismo lado, nos vemos rígidos. Al caminar así, con la parte superior e inferior del cuerpo alineadas por el mismo lado, adoptamos el porte de un vaquero en una película del oeste desenfundando su arma. No es así como caminamos naturalmente, y no es propicio para el tango. Es importante invitar al cuerpo a continuar siempre con la espiral natural, y no tratar de imponer una rigidez en la postura. Ser firme y rígido no es orgánico, es impuesto y no es saludable.

A través del equilibrio, existe una profunda asociación entre la individualidad y el grupo. ¿Cuánto me involucro con los demás, y cuánto estoy en lo mío? La satisfacción individual de habitar mi cuerpo entero, al mismo tiempo que soy parte de un grupo más grande, vive en mi movimiento. Esta conexión palpita en mi equilibrio activo. Es un espacio especial para determinar dónde se encuentra mi cruce verdaderamente creativo contigo, tú conmigo, nosotros con todos.

Cuando muevo mi equilibrio, estoy tomando una decisión consciente de relacionarme, sin caer inadvertidamente en ti ni recargar mi peso sobre ti.

Cuando consideramos el equilibrio, no solo en movimiento, nos damos cuenta de que es importante; es vibrante y poderoso. Compartirlo con alguien, compartir nuestro movimiento, nuestra dirección, nuestras elecciones personales, es profundamente humano. ¿Cómo puedo compartirme realmente contigo si no estoy lo suficientemente dentro de mí como para moverme en mi propio equilibrio? Compartir siempre viene con consentimiento, y el consentimiento es una decisión consciente. Esa decisión de relacionarte se expresa a través de tu equilibrio.

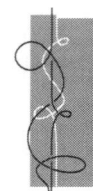

> *Es nuestro equilibrio comprometido de crear unidos.*

Entonces, si mantienes tu abrazo (tu pecho, cabeza y brazos), conectado con tu pareja y prestas atención a las señales que das y recibes, estarán bailando juntos. A medida que bailas tango, estás creando a través de su diseño único de equilibrar individualmente, mientras compartes tu equilibrio. Esta es una poderosa representación de cómo podemos comunicarnos y compartir con todos aquellos con los que interactuamos cada día. Entenderme a mí mismo y mi postura, para luego compartirme contigo y crear una experiencia juntos, es cómo alcanzamos un equilibrio consciente de co-creatividad. Así es como, juntos, damos forma al mundo.

CAPÍTULO 8

SIN ATADURAS

"Es perfecto"...

Este es un mantra que vale la pena repetir. La perfección reside en nuestra creatividad compartida.

La danza es nuestra; nosotros somos la danza. Hay una fe renovada en el proceso cada vez que nos hacemos más conscientes de que todos estamos juntos en esto. Aquí es donde podemos hallar nuestra más auténtica calma. Merecemos esta serenidad. En realidad, nos la brindamos a nosotros mismos y a los demás al ser conscientes de la conexión, y con ello, tenemos menos apego.

Tenemos la capacidad de entender que no necesitamos controlar cada paso, y aun así somos parte de una "coreografía", mantenida y dirigida por la conexión del todo colectivo y nuestros viajes individuales. Compartir esto nos permite evolucionar a diario, unificarnos más y relajarnos en cómo se desarrollará cada paso. Podemos estar juntos y ser la danza. Podemos soltar nuestros apegos, sabiendo que somos una parte importante de algo más grande.

Si estamos tan apegados a un resultado que nos sentimos "estresados", nos perderemos el momento presente y todas las oportunidades que ofrece para conectar conscientemente. A menudo, nos obsesionamos con la situación "correcta" o el baile "perfecto"; por lo tanto, nos perdemos de muchas cosas. La perfección preconcebida significa que no veremos ni sentiremos las cosas tal y como ocurren. Esto no significa que no tengamos sueños, visión, metas, etc. Lo que sugiere es que, con dirección y visión, puedes relajarte para dar los pasos. Preocúpate mucho menos sobre cómo llegarás allí, concéntrate menos en cada movimiento individual. Deja que la danza realmente se despliegue desde ti.

Cuando estás en ese momento presente, puedes apreciar el panorama general con más libertad que si te estresas por el siguiente paso.

Cuando bailamos juntos, sabemos que seguiremos dando pasos a lo largo del baile. Seguiremos moviéndonos. No necesitamos planificar esos pasos con anticipación, podemos relajarnos al respecto y simplemente fluir. Libres, sin apegos.

Cuando queremos bailar con alguien, o encontrar a alguien con quién bailar, podemos relajarnos. Es una elección estar tranquilos. Imagina que estás en una reunión social de baile. Puede ser difícil encontrar el momento adecuado para invitar a alguien a bailar.

Tal vez te preocupa que puedan decir que no... o te quedas sentado preguntándote cuándo otra persona te invitará. Esto podría volverse frustrante. La idea de atraer personas entra en cuestión. Surgen valiosas lecciones sobre la presencia y la dinámica, la autoestima y el amor, las expectativas y el apego.

¿Es realmente una meta tratar que la gente baile contigo al punto de concentrar toda tu energía en esto? Si te relajas, no necesitas mirar tan lejos hacia el futuro. Puedes experimentar todo lo que te rodea, disfrutar el momento y el ambiente. La conexión puede fluir hacia una danza con naturalidad. En la vida tenemos muchas oportunidades para conectarnos y compartir con otros.

Tal vez vivas una experiencia nueva, una nueva conexión. Quizás bailes con alguien totalmente inesperado.

Estos elementos son simples, pero no son necesariamente cosas que ponemos en práctica con la frecuencia que deberíamos. El desapego puede ayudarnos a celebrar algo que no planeábamos y usarlo para ser más conscientes de nuestra conexión. Esto cobra especial valor en cómo reaccionamos ante los demás que se cruzan en nuestro camino y se vuelven parte de nuestro viaje. Podemos aprender muchísimo conectando genuinamente con nuestros semejantes. Esto es importante. Cuanto más permitamos que los apegos desaparezcan, más nos damos cuenta de que podemos conectar con el momento presente.

También es esencial hacer esto con aquellos con quienes hemos bailado muchas veces antes. Si no estamos apegados a un resultado, sin anticipar el mañana o recrear el ayer, entonces podemos bailar cada momento de nuevo. Cada paso es como si fuera la primera vez. Cada abrazo tiene su propio instante, merecedor de nuestra atención. Es así como podemos escuchar realmente a nuestras parejas en el baile. A los amigos, familiares y amores con los que interactuamos todos los días. Sin anticipar el resultado, podemos escucharlos. Podemos entablar una conversación valiosa.

Existen tantos problemas mundiales por resolver. Estos problemas se relacionan profundamente con el apego y la desconexión entre las personas, con la falta de colaboración. Si pudiéramos soltar nuestros apegos cada vez más, podríamos comenzar a comprender las bellas improvisaciones en esta "danza" y bailarla juntos. Al igual que en el tango, hay un valor inmenso en permitir que las personas entren en nuestro espacio y unirnos al suyo. Esto es lo que podemos interpretar como una especie de encuentro de las "mentes", pero lo convertimos en algo más: un encuentro del movimiento, los cuerpos, la conexión de las almas, y la comprensión de los corazones. Estos son pasos verdaderos hacia el progreso humano.

Conscientemente, puedo elegir no apegarme a una idea de quién serás para mí. El baile me ayuda a hacerlo. Si libero las expectativas al respecto y comienzo a estar presente, entonces comienzo a sentirte. Ya sea que esté siguiendo o guiando, relajarme es una acción. Lo entendemos mucho más activamente de lo que jamás podríamos entenderlo como algo pasivo. Tomamos la decisión de soltar, dejar de lado nuestros egos y unirnos verdaderamente a la danza. No bailamos solos, nunca estamos solos. Entonces, bailar con los demás es un honor, tanto como un derecho de nacimiento. No llegamos a este mundo solos. Somos formados a partir de una conexión. Al nacer de la conexión, no tenemos que forzar nuestra existencia. Simplemente nacemos.

Unirnos es nuestro estado natural. Somos capaces de conectar porque así entramos en esta realidad. Es nuestro estado "orgánico". No requiere fuerza; es más bien una habilidad activa para relajarnos. No hay necesidad de apegarse a un resultado, sino que podemos bailar el resultado directamente. Déjate llevar y que el baile suceda en unión. Conectaremos. Es el camino en el que estamos desde el momento en que tomamos nuestro primer aliento.

Toda esta unión no significa que debas ponerte en una posición en la que otros con intenciones negativas o confusas se aprovechen de ti. Al contrario, es a través de la conexión con los demás y una mejor comprensión de ti mismo, que puedes aplicar los "filtros" necesarios a las situaciones con mayor eficacia.

Puedes cambiar tu enfoque a voluntad. En esencia, si somos más conscientes de nuestra conexión, tenemos una unidad más fuerte y podemos cuidarnos mejor en cualquier circunstancia. Es fácil, natural, y podemos relajarnos más. Menos preocupación, más baile.

Este concepto de encontrar una vibración más tranquila para nosotros mismos, tanto individual como colectivamente, es quizás uno de los más desafiantes solo por los obstáculos que hemos creado en el mundo. Pero la buena noticia es que NOSOTROS somos los creadores. Por lo tanto, podemos seguir conectando, paso a paso, y soltar nuestros apegos cada vez más, para ver con mayor libertad nuestros deseos más auténticos. Tenemos mucho más "control" del que imaginamos; simplemente tenemos una percepción inexacta sobre lo que es el control. Para hacer esta transformación, solo necesitamos cambiar nuestro punto de vista. Somos tan creativamente poderosos que esto es mucho más fácil de lo que podrías pensar.

Menos preocupación, más baile.

Alrededor del mundo, en el día a día, nuestros objetivos no tienen por qué implicar apego. No necesitamos temer a la pérdida. Podemos vivir en un estado de energía creativa y seguir eligiendo crear en el momento presente. Podemos centrarnos en el poder de la improvisación. Baila tu propia danza ahora mismo, no la danza de ayer o la de mañana. No hay necesidad de apegarse a un próximo momento perfecto. En la danza podemos encontrar las transiciones a medida que aparecen, porque las creamos mientras seguimos moviéndonos. La verdadera perfección se encuentra simplemente en ser esta conexión, en el momento presente. Es fácil. Sé, baila, sé.

CAPÍTULO 9

SUCEDIENDO A NUESTRO ALREDEDOR

∞

Cada día, más y más, nos damos cuenta de que ser producto de nuestro entorno es, en realidad, al revés. El entorno es un producto nuestro. Creamos el entorno a través de la percepción y la contribución. Esto se traduce fácilmente desde el momento en que iniciamos un baile con una pareja hasta nuestras actividades globales.

Cuando me aproximo para invitarte a bailar, con un enfoque centrado, pacífico, amoroso y consciente, estoy contribuyendo al entorno. Estoy estableciendo una conciencia que está presente en nuestra conexión. Estoy creando. Estar consciente y escuchar es tanto oír tu corazón como recibir información de nuestro entorno. Nuestra percepción de esto es clave. Las dinámicas en constante cambio que nos rodean son exactamente eso... siempre cambiantes... como nosotros. Movimiento, como la danza.

Cuando salgo a la pista de baile, al espacio en el que quiero invitarte a bailar, trato de crear un ambiente propicio para ello; es el punto de partida para un viaje óptimo. Busco una parte de la pista donde haya espacio y no demasiadas parejas. Echo un vistazo al suelo para ver si hay algún obstáculo o algo resbaladizo. Enfocamos nuestro abrazo, apuntando hacia un camino que bailaremos juntos con otras parejas.

Ahora entra la comprensión de que no estamos solos. Estamos experimentando la conciencia de nuestra participación activa en este estado del ser humano que siempre está acompañado.

Tomamos todas estas decisiones como un intento de tener una jornada fructífera y productiva.

Es muy útil tener una actitud positiva. Esta es una oportunidad para sentir la extensión, así como la cercanía con las parejas que bailan.

Si logramos ser más conscientes, soltar las ideas preconcebidas y ser conscientes de la unión de dos perspectivas... somos el centro de todo, al tiempo que no somos el centro de todo. La comprensión de la causa y efecto de nuestras acciones y existencia se vuelve más clara y enfocada.

Lo que puedo aportar con mi apertura hacia ti, al bailar contigo, es importante para ambos. Al mismo tiempo, es importante para el entorno que nos rodea y se proyecta, afecta y replica en el universo más allá de nuestro espacio inmediato. Si me estás guiando en el baile y te estoy siguiendo, soy consciente de mi ser, de ti y de lo que me rodea. Exhalo y dejo que me guíes por el espacio sabiendo y confiando en que no me llevarás por mal camino. Puede haber, al mismo tiempo, en ese mismo lugar, muchas otras parejas compartiendo la misma experiencia. Imagina a estas parejas de guías y seguidores "siendo" juntos en este entorno. Imagínalos juntos disfrutando de la colaboración de diferentes acciones, decisiones y circunstancias. Cada pareja moviéndose y girando sobre su eje compartido, mientras orbitan alrededor de la pista de baile.

En las milongas, las parejas siempre bailan en un formato circular u ovalado (dependiendo de la forma de la sala), y siempre en sentido contrario a las agujas del reloj. Este baile alrededor de uno mismo, como pareja, y luego alrededor de la pista, es la experiencia espacial del tango. Así es como se vive el baile social. Este es un elemento importante. Es como sentarse a la mesa de una milonga y observar a la gente en la pista de baile. Es notable cómo este entorno también es como un microcosmos del universo. Es evidente que hay diferentes personalidades, actitudes, vestimentas, tipos de cuerpos, dinámicas, etc., todos conformando cuerpos celestes que giran y orbitan. Viajan alrededor del centro de la sala como punto focal, como si fuera una estrella central.

Tres conceptos importantes sobre el entorno del tango: los cuerpos están formados por parejas, tenemos libre albedrío y no solo rotamos u orbitamos sin acción. Podemos, y a menudo lo hacemos, movernos en parejas en líneas rectas y diagonales. Nos movemos hacia adelante y hacia atrás y alteramos nuestra velocidad a voluntad. Podemos avanzar lentamente con pasos vibrantes y rápidos, o cambiar para movernos velozmente por el espacio. Respondemos, por decisión, a las circunstancias que nos rodean. Respondemos al entorno, mientras lo creamos conscientemente. Estamos conectados.

Desde un edificio alto, al mirar hacia una plaza o un espacio abierto lleno de gente, puedes ver un mini-universo. Las acciones y reacciones de las personas se hacen evidentes. Quizás los colores te llamen la atención. Tal vez te centres en el sonido de las bocinas y la emoción, mientras los autos y la gente parecen chocar. La plaza misma se convierte en una especie de pista de baile. Cada paso a esta zona ajetreada tiene un efecto en el entorno.

A veces, las "piezas" encajan en una coordinación suave y aparentemente perfecta, todo funciona como un reloj. Otras veces, hay una dinámica más violenta, en la que parecen prevalecer las perturbaciones, deteniendo el flujo, o tal vez rebotando en grupos que ya se mueven rápidamente. La dinámica puede cambiar en un instante, las condiciones no son finitas. Más que estar controladas por una arquitectura predeterminada, es la gente la que hace que las cosas sucedan. La sociedad está hecha por nosotros. El "experimento" social es simplemente lo que somos y la vida misma. La oportunidad de tener una práctica social improvisada es algo sumamente valioso. El tango es una oportunidad para entender nuestra relación con nosotros mismos, con los demás y con el entorno.

El baile comienza y nos centramos profundamente en nuestra comunicación, en nosotros. Pero, ¿qué hay de todas las otras parejas y su comunicación? ¿Qué hay de las decisiones repentinas que implican fusionarse o "cortar" los caminos trazados por otras parejas; las direcciones que deben cambiarse y con las que se deben "lidiar"?

No estamos solos. Nos movemos juntos en un coro de movimiento en constante evolución. La decisión de mantener una actitud comprometida y armoniosa, para contribuir con nuestra experiencia y con nuestro entorno, es esencial. Esta es la verdadera práctica de la comunión.

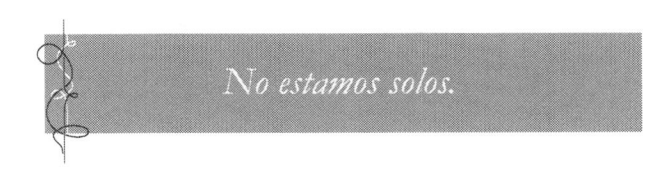

No estamos solos.

¿Cómo se relaciona esto con la experiencia de moverse por una estación de tren atestada, conducir por una autopista transitada o maniobrar entre las mesas de un restaurante lleno de gente comiendo, con meseros trayendo la comida? Los ejemplos del entorno y de cómo experimentamos el mundo a nuestro alrededor, están todos presentes en el microcosmos del tango en una pista de baile. Las respuestas y el trato casi inmediato con los demás y sus acciones, son representativos de nuestro mundo. La forma en que nos abrazamos en los diferentes entornos que encontramos dice mucho sobre nuestra comprensión del mundo y la interacción humana. No se trata de enfocarse en el concepto de ser considerado con los demás. Es mucho más participativo que simplemente tener buenos modales. Se trata de involucrarse activamente en el momento presente, comprendiendo las réplicas de la no-dualidad. Yo soy yo; yo soy la pareja – Nosotros somos nosotros; nosotros somos las otras parejas.

Es evidente que el mundo necesita más baile consciente. Más tango, más parejas bailando. Pero no solo por la sensualidad tentadora entre dos personas ni por la idea de fortalecer la pareja romántica. Es porque podemos crear una vibración más alta de paz, amor y comprensión en nuestro mundo al experimentar estos elementos juntos. El amigo, el amante, la familia, el desconocido... y también el que se percibe como un "enemigo". La idea de conflicto puede ser mejor pacificada en una verdadera experiencia de comunión. Con estas vivencias, lo imposible de repente ya está hecho. La experiencia individual se convierte en la compartida, y la experiencia de la pareja se convierte en la experiencia de todas las parejas. El collage de nuestro entorno inmediato se fusiona cada vez más con el gran tapiz. De repente, todo es una experiencia dinámica donde todo es importante, todo tiene valor. Somos un contribuyente activo a la gran "colcha", el tejido de nuestra experiencia colectiva, nuestra sociedad. Somos conscientes de nuestra existencia como parte importante de algo más grande.

Tal vez uno de los mayores valores de asociar la experiencia del tango con la sociedad es la oportunidad de no definir las posibilidades. Empezamos a no ver la condición como algo que se nos impone, sino más bien como algo que nosotros establecemos. Fijamos nuestros propios límites individualmente, como pareja y como sociedad. Centrarse en un sinfín de posibilidades tiene poco que ver con desafiar lo "imposible", y mucho más con abrazar una verdadera armonía, una siempre cambiante condición humana. Empezamos a estar presentes. Empezamos a celebrar nuestra existencia, juntos, bailando en el salón de baile de la vida. Nos acompañamos unos a otros y viajamos. Probamos nuevos caminos y pasos juntos. Somos exploradores presentes en nuestro viaje. Somos creadores.

Hace muchos años, cuando era muy joven, tuve una experiencia mientras viajaba en una gira de baile. Volábamos de noche, sobre una enorme zona de árboles y de repente apareció una ciudad. Abajo se conectaban las luces. Tal vez sobrevolábamos Brasil, con destino a Buenos Aires... no lo recuerdo bien. Pero me acuerdo de ver todas las luces y cómo iban apareciendo más. Parecían conectarse, como si una especie de nave espacial enorme hubiera aterrizado en Sudamérica.

Mientras seguía mirando, empecé a pensar en cómo cada luz representaba una casa, una oficina, una fábrica o un lugar donde hay, o hubo, humanos. En cómo hicieron que esta "creación" de luz sucediera y están viviendo en ella. Millones de vidas debajo de nuestro avión. Millones de almas conectadas. Recuerdo que pensé en cómo, una vez que aterrizáramos, estaríamos en una ciudad; viviendo, trabajando, siendo. Me fascinaba la idea de que nosotros, como humanos, creamos. Creamos todos estos edificios, estructuras y urbanismo.

Hicimos que la luz se conectara y expandiera, alcanzando a la gente en los aviones que podían apreciarla desde arriba.

Lo entendí profundamente, pero entonces descarté esto como una especie de sentimiento "emocional" que estaba sintiendo. No se me ocurrió que estaba viendo una realidad y teniendo pensamientos compartidos por muchos. Estaba teniendo una experiencia de muchos, no sólo de mí mismo. No me di cuenta entonces, conscientemente, de lo conectados que estamos y de lo acertado que era en mi análisis. Es una experiencia extraordinaria comprender nuestra humanidad colectiva, y cómo creamos juntos. El impacto que tenemos en el mundo. Cómo creamos nuestro entorno.

Tenemos una creatividad conectada tan única y poderosa, que llega hasta los cielos y puede ser vista y apreciada por nosotros mismos, en aviones creados por nosotros y rutas de vuelo trazadas por nosotros. Nosotros, mirándonos a nosotros mismos. Bailando y observando nuestro baile. Creador y público, juntos.

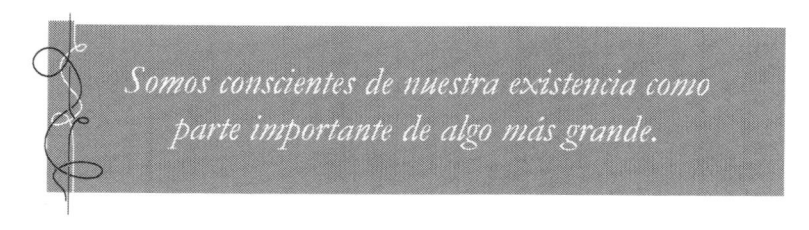

Somos conscientes de nuestra existencia como parte importante de algo más grande.

CAPÍTULO 10
JUNTOS

Si observamos canciones, libros, poemas, obras de teatro, películas, pinturas, arquitectura, antropología, etc., es evidente que los humanos tenemos el deseo de estar juntos; un deseo de sentirnos conectados, de saber que no estamos solos.

Puede que tengamos dudas sobre cómo "encajamos" o cómo encajan los demás en nuestra experiencia. Quizás no sepamos a ciencia cierta cómo podemos estar juntos, pero aun así, buscamos una conexión con los demás. El tango es una expresión de esto.

La simple idea de bailar juntos, de tomar la decisión de movernos en el "juego" unificado de guiar y seguir, ya supone una unión consciente. Permitirnos ser conscientes de esto está relacionado con permitirnos reconocer la relación natural y existente que tenemos con los demás, simplemente por vivir y respirar. Nos damos cuenta de que no solo compartimos espacio en nuestra coexistencia, sino que creamos en espacios compartidos. Estamos conectados creativamente con los de antes, con los de ahora, y a través de este momento, con los que están por venir.

En el baile en pareja hay un agudo sentido de conciencia espacial, que surge de ocupar el espacio que alguien ocupaba y dejando un lugar para que alguien lo ocupe.

Cuando bailamos tango, esto es lo que practicamos. Pasos juntos, entrando en el espacio recientemente desocupado por el otro, compartiendo pasos, moviéndonos al unísono. Creamos movimiento, conscientes de la singularidad de cada momento. En esta danza conjunta encarnamos el ser una parte importante de algo más grande. Somos como eslabones de una cadena, donde cada eslabón es único e importante; componentes perfectos para la grandeza de la cadena mayor.

Esta unión está presente en nuestra interconexión. Despertar una conciencia para conectar a través del espacio comienza con la invitación y la disposición. Entonces nos comprometemos con el baile. Yo empiezo a retroceder, invitándote a dar un paso adelante, como un reflejo de mí; tú estás dispuesto a entrar en mi lugar. Das tu paso con el mío; juntos. Esta iniciación, voluntad, trayecto y llegada son ahora una experiencia espacial.

El siguiente nivel de compromiso espacial es dar un paso en una dirección juntos. Nos movemos hacia un espacio "desconocido" juntos. Tomemos, por ejemplo, un paso hacia el lado. Si estoy guiando, debo decidir que es ahí donde quiero ir, y luego, desde el centro de mi pecho, un lugar cercano y específico a mi corazón, te invito a dar el paso a través de nuestra conexión. Aceptas y estás dispuesto. Emprendemos el viaje para dar el paso lateral. Una pierna se extiende hacia un lado mientras que la segunda pierna empuja, para eventualmente encontrarse con la primera. En el tango, nos referimos a este encuentro de los pies como "juntar".

Juntas no solo los pies, sino todo lo que acabas de experimentar en tu viaje juntos dando ese paso conjunto. Después, avanzas desde ese presente de recogimiento hacia tu siguiente paso. Dando el paso juntos, recogiendo juntos. Con el tiempo, la práctica consciente de esto se convierte en algo natural.

No hay necesidad de sobrepensar, solo crear juntos en el espacio.

Detengámonos un momento y comparemos esto con la vida fuera de la pista de baile. Tal vez vayamos al cine; hemos acordado ir. Estamos cerca del cine y listos para cruzar la calle. El semáforo cambia, y empiezo a avanzar. No hay obstáculos, el camino está despejado y tú avanzas conmigo, casi al mismo tiempo. Estamos conversando, un poco de charla trivial sobre nuestro día. En este momento no tenemos necesidad de intelectualizar o pensar en dar el paso juntos. Hay un conjunto de códigos y acciones practicadas que se secuencian en orden. Un mundo perfecto en un paso.

Retrocedamos. Ahora hay mucha otra gente en la misma esquina. Los percibimos ahora y nos damos cuenta de que hay grupos. Hay gente sola, en parejas, tríos, cuartetos, etc. Puede que no estemos cien por ciento seguros de quién está con quién, pero generalmente tenemos una buena idea, porque están inmersos en dar el paso juntos. En un movimiento que comunica entre ellos. Como grupos más pequeños y concentrados dentro del grupo mayor.

Cuando el grupo es lo suficientemente grande, podemos establecer un paralelo con bandadas de aves volando juntas. Cuando una bandada cambia de dirección, hay una decisión y una voluntad, y más notablemente, un sentido de pertenencia. En este caso, nosotros, como humanos, a menudo nos movemos con más "independencia" que las aves en bandada, pero aun así entendemos una pertenencia energética común entre nosotros. Esta pertenencia se expresa con más evidencia al movernos, la vemos claramente en nuestro baile.

Cuando bailamos juntos, nosotros también tenemos un sentimiento de pertenencia. E iniciamos una cierta conexión de "no dejar a nadie atrás", de cuidarnos mutuamente. Es algo innato al movernos al unísono. Es crucial para llegar al siguiente lugar... para dar el siguiente paso... juntos.

La lección importante que hay que extraer de este conocimiento es que es más probable que cuidemos a alguien una vez que lo hayamos abrazado, bailado con él, caminado con él, conectado con él, bailado con él en un grupo. Las barreras comienzan a caer, y los puentes dejan de parecer tan largos o intimidantes. Ahora somos conscientes de nuestra unión.

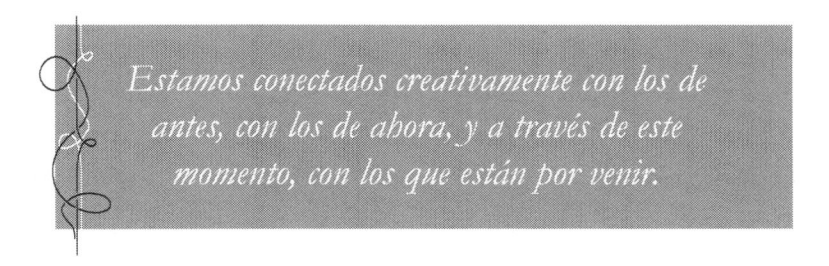

> *Estamos conectados creativamente con los de antes, con los de ahora, y a través de este momento, con los que están por venir.*

El tango, en su improvisación, es una herramienta muy poderosa. Podemos bailar con personas que no hablan nuestro idioma, personas que nunca hemos conocido. También podemos bailar con nuestros amigos más cercanos o viejos amigos que no hemos visto en mucho tiempo. Cuando nos unimos en un baile de improvisación, nos presentamos y participamos activamente en la conciencia del momento presente compartido. Entender el compromiso de una visión inclusiva de "nosotros" y "otros" permite una conexión rica y plena con los pasos que damos juntos.

Imagina que estamos sentados en una milonga o en cualquier tipo de reunión tanguera. Es un poco tarde y nos estamos preparando para irnos. Empiezas a cambiarte los zapatos, cuando escuchas "¡Oye!". Miras hacia arriba y encuentras a un viejo amigo que no has visto en años. Saltas y lo saludas con un cálido abrazo. Charlan un momento y luego te pide que bailes. Decides volver a ponerte los zapatos e ir a bailar unos cuantos tangos. Cambias tu plan y lo pasas genial. Se ponen al día de sus vidas y bailan juntos.

Esta misma experiencia puede ocurrirte mientras sales del banco para correr a tu coche bajo la lluvia, o mientras subes al metro o abordas un avión. Puedes decidir entablar una interacción inesperada que cambie tu proyección o, más exactamente, darle un nuevo rumbo a tus momentos. Esta conexión es poderosa y muy importante al vivir nuestra humanidad. Tenemos la capacidad de conectar, de comunicarnos y entendernos como partes importantes de un todo mucho mayor.

Quizás viajas en avión. Puede que estés sentado al lado de alguien. No tienes que entablar una conversación con esa persona, pero aún así están bailando. La conexión está presente. Han pisado donde el otro ha pisado, han tocado los respaldos de los asientos, los reposabrazos, han visto los mismos videos de instrucciones de seguridad, se han notado el uno al otro en algún nivel, etc. También es posible que sí conversen: un simple saludo, una charla sobre películas, libros, amigos, familia, destinos. Ya sea un gesto, un simple asentimiento de cabeza, o una conversación a fondo que conduzca a intercambiar información de contacto y una nueva amistad, están conectados. El momento es único. La danza continúa y ustedes la crean. Individual y colectivamente, junto con todos los demás en ese avión. Conectados, al igual que todos los que limpiaron, fabricaron piezas, vendieron boletos, pilotaron ese avión, y de la misma manera los maestros o las personas que les mostraron cómo completar estas tareas. En esta danza, también tenemos a las personas que vas a visitar, quizás un amigo, un familiar, un cliente, luego el taxi, el coche o el autobús que puedas tomar, una historia o un correo electrónico que puedas leer en tu teléfono... etc.

Los niveles de interacciones físicas son notables, y todos nacen de las elecciones creativas hechas por personas. No es de extrañar que nos fascine buscar gente, a alguien, a una persona, a un amigo, a un amor. Cuando leemos libros, recitamos esos poemas, cantamos esas canciones, contemplamos las pinturas, habitamos la arquitectura y observamos las culturas a través de la antropología, no es de extrañar que nos identifiquemos, como lo hemos hecho desde los albores de la raza humana.

Evolucionamos a través de nuestra unión, y también de nuestra contemplación de esta interconexión. Nos elevamos, dentro y a través de nuestra conexión. Cuanto más aprendemos a encarnar activamente esta conciencia juntos, más despertamos nuestra comprensión del cuidado colectivo. Nos convertimos en parte del "nosotros" e incluimos a otros en nuestros pensamientos. No se trata solo de ser conscientes de los demás, sino de vernos realmente unos a otros a través de la participación conjunta en la danza.

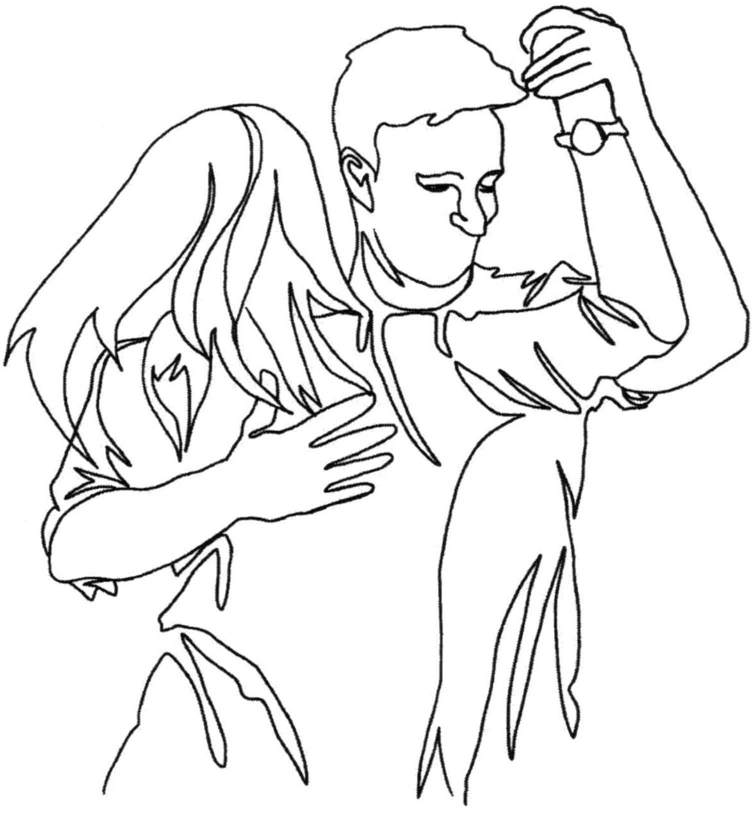

CAPÍTULO 11
TE VEO

"Te veo". Estas son palabras importantes. Dejarle saber a alguien que eres consciente de su presencia, de su existencia. Esto no solo es importante a nivel individual, sino también a nivel social. Por ejemplo, cuando las comunidades que han sido excluidas de oportunidades son vistas, y su existencia única e importancia son reconocidas, es poderoso y crucial para sanar divisiones y fomentar la evolución. El tango ofrece la oportunidad de encontrarnos y "vernos" mutuamente a través de la sensación y de compartir la creación del movimiento. Las posibilidades suelen ser mayores de lo que imaginamos.

Reconocer a los demás, vernos en ellos y verlos en nosotros, es una herramienta poderosa que nos permite influir positivamente en nuestro entorno y, colectivamente, en el mundo. La construcción de una comunidad se basa en esta conexión. Comenzamos aceptando las verdades sobre nosotros mismos, sobre los demás y sobre nuestra existencia interconectada.

Ya estamos conectados. El abrazo es un acto consciente que hace más que ayudarnos a ver que nunca estamos solos; es la puerta de entrada para viajar conscientemente por el camino interconectado que es este mundo y nuestras vidas. Atravesamos la puerta y vamos al baile... ya estamos allí. Necesitamos vernos mutuamente.

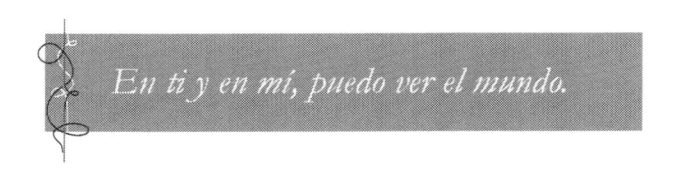

> *En ti y en mí, puedo ver el mundo.*

Al prestar atención a las sensaciones de acercarse a alguien, de conectar, de unirse para bailar, comenzamos a "ver". Es esencial ser conscientes de las otras almas que nos rodean. Esto forma parte de nuestro camino. Verlos es tan importante para nuestro desarrollo como para el suyo. Culmina maravillosamente en lo que parece surgir casi por arte de magia: bailar juntos.

Consideremos esto. ¿Se te ocurren otros ejemplos de este tipo de práctica intensificada de conexión con desconocidos en la vida cotidiana? Bailar juntos es un tiempo dedicado a explorar juntos sin que el objetivo final sea llegar a otro lugar. Esto es muy importante porque podemos pasar mucho tiempo acompañados físicamente, pero no con la práctica específica de vernos, sentirnos y movernos como meta conjunta.

Si te veo y quiero bailar contigo, debo dejar que me veas. No solo hacer contacto visual, sino estar dispuesto, verdaderamente presente. Verte. Se trata de una consciencia activa que potencia la conexión, incluso si no llegamos a bailar en ese momento.

No hay necesidad de precipitarse hacia la pista de baile. Hay muchos otros bailes que experimentar y gente con la que bailar. Nos vemos en este momento y luego pasamos al siguiente. Cuando nos vemos y conectamos verdaderamente, somos conscientes de nuestra participación continua en la gran danza.

A veces, las personas se consideran tímidas. Experimentan una gran timidez ante el momento de invitar a alguien a bailar. En el baile, hay una gran oportunidad para reflexionar sobre cómo nos relacionamos con los demás. Hay cierta "seguridad" en un espacio de baile, con un grupo de personas que están allí para bailar. Todos se han reunido para una actividad. El simple hecho de abrirse a la posibilidad de practicar e improvisar juntos ya es un enorme paso para aumentar la conexión. Al abrirte a esto, te estás volviendo más consciente de ti mismo, te estás viendo. Quizás lo que algunos perciben como timidez es en realidad una oportunidad para verse en los demás.

Si sabemos que vemos en los demás un espejo de elementos sobre nosotros mismos, entonces el portal para verlos es vernos a nosotros mismos. Debemos abrir nuestra experiencia completa y estar plenamente con ellos cuando bailamos. El momento de la danza lo constituiremos nosotros. Nosotros dos, con todo lo que somos, el producto de dónde venimos y la posición a dónde nos dirigimos. Esto es así lo veamos o no. Pero, al considerarlo, al reconocernos a nosotros mismos, podemos ver a los demás. Podemos darles reconocimiento. Son importantes igual, pero les hacemos saber que los consideramos importantes. Los vemos.

Ocasionalmente, decidimos hacer compañía a un amigo o ser querido si está pasando por un momento difícil, si atraviesa algún problema o se siente solo. También compartimos a menudo el tiempo con ellos cuando celebramos emocionantes momentos de éxito. A veces simplemente pasamos el rato o nos encontramos inesperadamente y compartimos un momento. En cada una de estas circunstancias estamos improvisando, avanzando sobre la marcha. Estamos creando. Hay una conversación: escucha y expresión. En estos momentos, la conexión nos hace saber que nos vemos mutuamente. Yo te veo, y tú me ves. Me veo a mí mismo y a ti, a ti mismo. Consciencia.

La práctica en la conexión por bailar juntos ayuda a profundizar en esta experiencia. Somos capaces de elevar nuestra humanidad a través de la práctica. Es decir, nuestra capacidad para entendernos mejor, entender mejor al ser humano, y tomar decisiones activas. Decisiones que nos unen, nos hacen más fuertes y mejores. Simplemente al ser conscientes. Desarrollamos una visión conectada, que surge de nosotros colectivamente.

Ver el mundo como un lugar mejor supone un compromiso activo. No es una forma pasiva de ignorar las cosas. Es una decisión sobre dónde enfocar toda tu visión, tu energía. Eres capaz de tomar decisiones más poderosas si tus "habilidades sociales" son auténticas. Si conectas estando presente, viendo y reconociendo. Una de las contribuciones más importantes que podemos hacernos mutuamente es nuestra visión de un mundo mejor. Podemos hacerlo juntos, en este instante. Se trata de vernos a nosotros mismos y a los demás.

Ve ese mundo mejor en el baile. Ve cómo se sanan las heridas y nos unimos con nosotros mismos y con los demás. Te veo significa que me veo a mí mismo. En mí y en ti, puedo ver el mundo concebido en paz y amor. Un lugar donde cada niño nace con oportunidades de igual valor, honor y respeto. En mí, te veo a ti y eres amor. Tú tienes las mejores cualidades, y eso es lo que hace que tu existencia sea única y especial. Ves en mí quién soy. Lo mejor de mí. La parte que solamente yo entrego al mundo. Las cosas que solo nosotros entregamos juntos. Con esta visión conectada, los prejuicios, las posiciones y los privilegios comienzan a ejercer menos control sobre nosotros. Empezamos a concebir el mundo desde donde la mirada se encuentra con la visión. Nos vemos y luego utilizamos nuestra creatividad para imaginar el baile.

Cuando estoy en tus brazos, estoy relajado, seguro, consciente y presente. Hay paz en la unidad, y podemos expresarla. Abrazarte es verte, y verte es abrazarte. Sentirte es comprender al gran colectivo. En este lugar tranquilo, en esta consciencia brillantemente despierta, vemos a todo el mundo. Nos vemos los unos a los otros, a nuestras familias, a nuestros ancestros, a nuestros hijos, a nuestros vecinos, juntos vemos a grupos y la increíble variedad de diferencias. Así es como llegamos a la inclusión, viéndolo todo, viendo la danza en nosotros y en los demás.

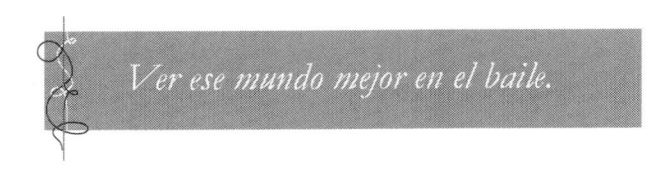

Ver ese mundo mejor en el baile.

CAPÍTULO 12

SIMPLICIDAD COMPLEJA

Comunicación dentro del caos.

A medida que nos movemos, a menudo los pasos se vuelven complejos, añadiendo, entrelazando, rodeando, por debajo, por encima... acentos interconectados como un diálogo perfectamente unido en movimiento. Parece que en cualquier momento podría haber una trayectoria obstruida accidentalmente, algo no planificado, no ejecutado correctamente... podría parecer tenso... fuerte, apasionado.

Si miras a través de la lupa de la consciencia... encontrarás que la velocidad es relativa, y las cosas parecen ralentizarse. Te quedas con la inconfundible belleza de una comunicación organizada dentro del caos. Una simplicidad transformada en un suceso sofisticado.

Una de las lecciones y comparaciones más importantes al bailar rápidamente con alguien en tus brazos es cómo actuamos y reaccionamos bajo la presión percibida. La lección no podría ser más clara. Cuando el mundo parece moverse a una velocidad caótica con una energía incontrolada, ¿qué decisiones tomamos? ¿Cómo "bailamos" con los demás? ¿Nos estamos comunicando? ¿Somos capaces de cambiar nuestra percepción?

Si estoy guiando y siento que la fuerza de la música me llama a avanzar más rápido, intensamente, debo comunicártelo. No puedes conocer mi intención si no la comparto contigo. Debes aceptar el compromiso energético de seguir y entonces iniciamos y repetimos. No me satisface arrastrarte, empujarte sin consentimiento, o dejarte que te pongas al corriente a duras penas. Si estoy siguiendo, no me resisto ni me asusto por tu comunicación. Estoy activamente presente en mi confianza, dispuesta a sumergirme en las expresiones continuas de nuestras almas en esta experiencia compartida.

En esta conexión, lo que podría parecer complejo puede no ser difícil de recorrer. Tal vez sea mucho más fácil de lo que piensas. A medida que empezamos a reflexionar sobre quiénes somos juntos, empezamos a entender que hay poca necesidad de complicar las cosas. Las cosas son mucho más sencillas de lo que parecen. Parte de esta simplicidad se encuentra en nuestra manera de movernos. Las cosas son difíciles de gestionar si somos reactivos. En cambio, si somos iniciadores y nos movemos en un acto creativo, en lugar de reaccionar, todo es mucho más sencillo.

En el tango, somos conscientes de nosotros mismos como individuos, mientras estamos conectados con nuestra pareja. Esencialmente, somos dos personas formando una unidad. Esto es importante, porque la forma en que nos relacionamos y conectamos determina nuestra creatividad. Que no seamos reactivos no significa que no percibamos las necesidades de los demás y que creamos junto a ellas; al contrario, es exactamente lo que hacemos. Estamos sumamente en sintonía con los demás, con el todo, y cuanto más bailamos más aguda se vuelve esta habilidad.

Ser capaces de movernos por pistas de baile muy concurridas, o bailar complicados pasos de rotación, es parte de la práctica y el aprendizaje que nos llevamos fuera de la pista de baile. Saber cómo funcionar en grupos grandes y ser parte de ellos, sin perder quiénes somos como individuos, ni lo que aportamos, es esencial para nuestra integración en la sociedad. La experiencia más productiva que podemos tener es estar presentes y saber que no hay situación demasiado compleja para nosotros. Juntos podemos manejar cualquier cosa.

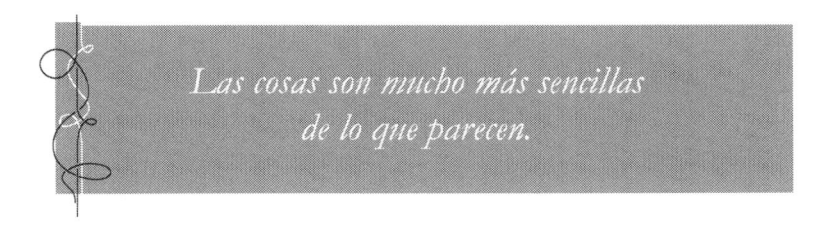

> *Las cosas son mucho más sencillas de lo que parecen.*

Podemos con esto. La simplicidad siempre está a nuestro alcance. No son solo afirmaciones positivas, son ciertas. Somos capaces de muchísimo. Mucho más de lo que quizá seamos conscientes. Las cosas complicadas se vuelven sencillas con la consciencia.

La complejidad está en el ojo del observador, y se transforma con la enfocada y enérgica aceptación de alguien que se mueve. Vemos y experimentamos las cosas de manera diferente por elección.

Podemos elegir responder a un mundo acelerado con la energía creativa de la verdadera presencia. No solo es posible, sino esencial para nuestro proceso de sanación individual y colectivo como humanidad.

La conexión ya existe, la consciencia trae compasión, empatía y unidad.

CAPÍTULO 13
SOMOS LA MÚSICA

La musicalidad y la comprensión de nuestra relación con el sonido y la relación del sonido con el movimiento, es algo que siempre podemos entender a un nivel más amplio y profundo con cada baile compartido. La forma en que nos conectamos dentro de la música, mientras guiamos y seguimos, es la esencia de la poderosa experiencia del tango. Esta es una excelente manera de entender mejor nuestra conexión con los demás cada día. Cómo "encajamos" en la partitura musical del mundo y, más exactamente, cómo somos la música.

Hay un primer paso esencial para entender la relación entre el baile y la música: debemos comprender que nunca hay ausencia de movimiento ni ausencia de sonido. El movimiento crea sonido, y el sonido siempre existe. El matrimonio, si se quiere, es más un derecho de nacimiento que un destino. Al aclarar esto, comenzamos a ser más conscientes de nuestro recorrido; la verdadera partitura de nuestra relación y su importancia creativa. Por tanto, ya no se trata de cuándo "empezará" la música, sino de cuándo entra una pieza determinada en la partitura siempre sonando. Al igual que nunca estamos del todo quietos, nunca hay realmente ausencia de sonido.

A continuación, podemos prestar atención al tango que suena mientras bailamos. Podemos fijarnos en los espacios que surgen cuando los músicos no tocan activamente sus instrumentos. Observa cómo los músicos parecen dejar "espacio". En estos espacios, en el "intervalo", es donde comienza una comprensión más amplia de la musicalidad. Hay más espacio del que pensamos, más relación con las pausas en nuestro baile, y cómo seguimos estando en movimiento, ya que siempre hay música.

El tango es un baile en el que no siempre marcamos el "compás" de la música. A medida que bailamos, se nos ofrece la oportunidad de ser nuevos instrumentos añadidos al tango que se está tocando. Aparecemos como nuevas líneas no escritas previamente en la partitura. Con la libertad de improvisar juntos, podemos elegir cuándo seguir, unirnos, comentar y contrapuntear los sonidos reproducidos. Como si fuéramos cantantes de jazz improvisando con nuestros cuerpos.

Este es un foro asombroso para practicar cómo actuamos y reaccionamos, creativamente, con intención, juntos... en un mundo continuo, cambiante y giratorio. Esto es el tango.

Cuanto más consciente eres, más completa y satisfactoria será tu experiencia. Si quieres encontrar un mayor significado en el tango, es aconsejable escuchar mucha música.

A veces prestarás mucha atención y otras veces simplemente sonará de fondo, al igual que a veces leemos capítulos en horas y otras nos tomamos un libro lentamente. Ambos enfoques son importantes para entender a los demás y nuestra relación con ellos. Cuanto más nos comprometemos conscientemente, más crecemos.

Este compromiso con la vida es definitivamente parte de la experiencia dinámica. Deja que la vida (y la música) suene mientras prestas atención activamente, así como mientras dejas que fluya en el fondo. Permite que entre y salga del foco de tu experiencia. Descubrirás una mayor presencia "dentro" de la música. Es una experiencia potenciada por la respiración. La lección es clara en la equivalencia entre la música en la pista de baile y los sonidos de la calle. El ambiente o tal vez los ruidos que encontramos en la vida cotidiana a menudo parecen dictar nuestras acciones, en esos momentos en que somos reactivos. Sin embargo, podemos ser creativos, podemos entender constantemente más sobre nuestra experiencia si amplificamos nuestra consciencia. Si inhalamos y exhalamos, y escuchamos los espacios entre los sonidos.

Cuanto más nos comprometemos conscientemente, más crecemos.

Al encontrar los silencios en la música, estás amplificando la "voz" de tu pareja y, hasta cierto punto, la de quienes te rodean. Te estás escuchando a ti mismo y también a mí, a los latidos de mi corazón, al sonido del aire de mi respiración mientras llena y desocupa mis pulmones, a mis pies con cada paso. Eres consciente de mi presencia, y estás atento.

Podemos aprovechar estos momentos para estar verdaderamente presentes en nuestro entorno.

Fuera de la pista de baile y en la calle, podemos aplicar inmediatamente esta atención intensificada a la escucha. Podemos oír a la gente a través del "ruido" con mayor claridad, y podemos escucharnos a nosotros mismos mucho mejor. A menudo es de gran valor simplemente sentarse en un café y mirar a la gente. Podemos prestar especial atención a las parejas y a cómo se escuchan. No solo a su conversación hablada, sino más allá de las palabras... a su lenguaje corporal. El flujo y reflujo del ritmo acelerado y pausado, el andar entrelazándose con otras personas o rodeando obstáculos. Es una experiencia hermosa observar a la gente caminando junta por la calle.

Nuevamente, la comprensión de nuestra relación con el sonido y la relación del sonido con el movimiento, y cómo nos conectamos dentro de la música, es la esencia de la poderosa experiencia del tango. Muchos dirían que es el significado del baile en sí mismo. Cuanto más nos observemos dentro de la música, más sabremos que nuestra conexión nos hace uno e indivisibles. Esta es una excelente manera de entender mejor nuestra conexión con los demás, cada día. La música y nosotros, somos la música.

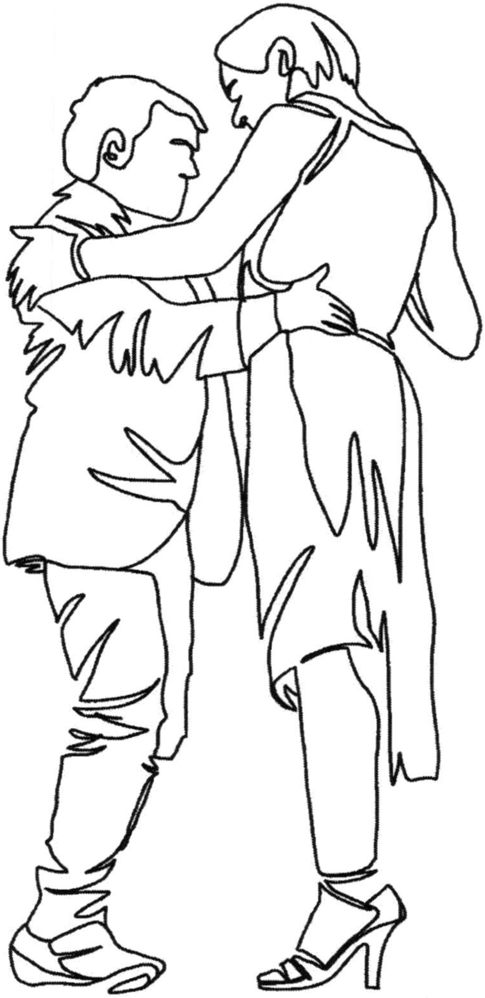

CAPÍTULO 14
TÚ VAS, YO VOY

Tú ves, yo voy. Yo voy, tú vas. Parece una ecuación sencilla. Deberíamos entender esto desde que somos pequeños, jugando a seguir al líder. Levantamos una mano y la otra persona nos imita, tratando de copiar nuestros movimientos. Hasta que tal vez va demasiado rápido para controlarlo, o hacemos un amague, o lo que sea para hacer que no nos sigan correctamente, que cometan un error y estén fuera del juego. Nosotros ganamos.

Aquí hay una diferencia esencial. Cuando guías en el tango, no quieres que tu pareja se pierda, que no sea capaz de seguirte. Quieres que tenga éxito. Que lo consiga. Así que este esquema impacta de manera excepcional en cómo telegrafías tus intenciones a tu pareja.

Es decir, quieres que conozca tus intenciones y lo que estás pensando. A su vez, cuando seguimos en el baile, no queremos tener la energía ansiosa de un juego escolar o la de intentar copiar una imagen sin percibir el movimiento. Queremos crear juntos. Por más juguetones y alegres que nos pongamos, el tango no es un juego en el que se pueda ganar o perder. Es una representación del mundo.

Desarrollamos una mayor intuición mediante un liderazgo atento y responsable, y un seguimiento expresivo y comprometido. Es al permitir que nuestra disposición agudice las sensaciones que recogen información, más que los sentimientos, que nos volvemos más "uno" en movimiento con nuestra pareja. Creamos una experiencia sensorial compartida. Esta es la marca de un verdadero bailarín de parejas sofisticado, la plena aceptación de un sentido e intuición en constante desarrollo.

A lo largo de la historia las personas han buscado una mayor conexión con los demás. Parece poderoso el argumento de buscar esa conexión en el movimiento. En la comprensión de cómo nos movemos por el mundo, cómo gira la Tierra y cómo todo está en movimiento. Parece haber un gran beneficio práctico en ello. En un formato tranquilo y sencillo, podemos sentirnos más conectados sentándonos en silencio frente a nuestra pareja, sintiendo nuestro vínculo. ¿Pero podemos hacer esto estando en movimiento? Podemos comprender mejor el libre albedrío que tenemos como humanos al observar las decisiones que tomamos en nuestro movimiento. Somos seres creativos; todos creamos con nuestras acciones y reacciones. Nuestros pensamientos se manifiestan en nuestra realidad particular.

Esos pensamientos, intenciones y movimientos creativos, en la improvisación de nuestros días, marcan la sofisticación de nuestro compromiso con el mundo.

Así que, tú vas y yo voy, ahora lidero o sigo. Estoy bailando contigo y estamos bailando con todos los demás. Nuestra conexión debe tener una resonancia especial. Si dejamos que la sensación de que todo está bien en el mundo entre en nosotros y resuene a través de nuestro abrazo, encontraremos un profundo sentido del momento presente. Estamos exactamente donde debemos estar. No nos dejaremos atrás mientras avanzamos. Hemos llegado. Es desde este lugar que la conexión se vuelve auténtica. Me siento completamente cómodo con dónde estoy. Me comprometo a tomar decisiones activas en el espacio contigo. Estamos viviendo esto juntos. Somos felices bailando. Tú vas, yo voy, vamos ambos.

Siempre hay un sentido de consideración en esta visión compartida del líder y el seguidor. Hay una necesidad de esperar a la otra persona, de ser cordial. Esto no significa que no podamos movernos rápidamente juntos o tener un estilo de pasión dramática, o una respuesta casi instantánea. Podemos bailar rápido y entrar y salir de pasos y movimientos a gran velocidad, si así lo decidimos. Al mismo tiempo, debemos asegurarnos de no dejarnos el uno al otro atrás.

> *Tú vas,*
> *yo voy,*
> *vamos ambos.*

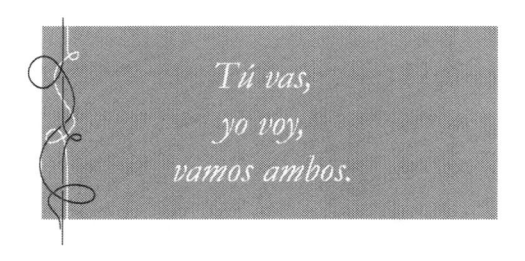

El acuerdo de entrar en el espacio para bailar juntos nos prepara para una conversación compartida. Si estoy guiando, estoy proyectando un "ir" hacia el espacio, al mismo tiempo que estoy escuchando tu "ir". Nos movemos a través de la comunicación. Esto no es solo ser considerados; es el contrato espiritual humano que adoptamos cuando entramos a bailar juntos, "somos responsables el uno del otro". Vamos juntos.

Si en nuestra vida cotidiana y en nuestras interacciones con los demás en todo el planeta nos planteamos movernos juntos sin perdernos los unos a los otros, imagina el resultado. "Bailamos" en una conversación creativa que nos permite conocer mejor las necesidades de los demás, sus pensamientos, sueños y condiciones. Ellos se vuelven más conscientes de nosotros. Movernos hacia el amor, en el amor, es movernos en la observación verdadera. Cuanto más bailamos juntos, más nos damos cuenta de "nosotros".

Entendernos a nosotros mismos al entender fuera de nosotros mismos. Una de las experiencias más poderosas consiste en pensar activamente más allá de nuestra individualidad. Esto abre nuestra comprensión, no solo de los demás, sino de todo lo que podemos lograr en este mundo. Es algo mucho más amplio que simplemente compartir por equidad, es crear juntos. Nosotros "aquí", y ellos "allí". Las líneas comienzan a difuminarse, a moverse, a desaparecer. Ellos empiezan a entender aquí, y nosotros allí. Tú vas, yo voy, vamos, ellos van.... Y así bailamos, una y otra vez.

Vamos juntos.

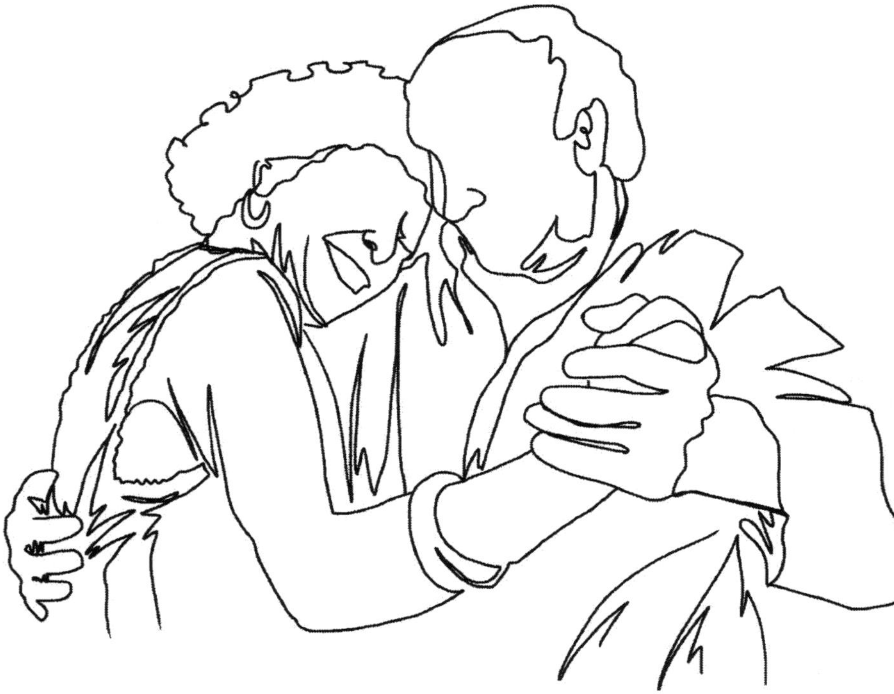

CAPÍTULO 15
LO QUE TÚ VES NO ES SIEMPRE LO QUE RECIBES

Para vernos a nosotros mismos, ver más allá de lo individual y entender la conexión, el concepto y la importancia de "vernos bien" empieza a cambiar. El enfoque en lucir bien mientras se baila es algo común y comprensible, pero no ayuda a encontrar una conexión verdadera.

Somos criaturas interesantes, los humanos. Existe nuestro físico, y luego nuestra comprensión de lo físico. Está la salud o la integridad general de una persona, y luego cómo la percibimos o la visualizamos. Está lo que nos gustaría que la gente viera o pensara de nosotros, mientras pueda existir una experiencia interna distinta con la que lidiamos. Somos conscientes de estas diferentes facetas y formatos en los que podemos presentarnos, y podemos cambiar de cara numerosas veces en un mismo día, dependiendo de la situación.

Tenemos ego y por una buena razón; si está adecuadamente equilibrado puede ayudarnos a protegernos físicamente del daño y, en el extremo, mantener intacta nuestra vida. Puede ser muy positivo pensar en nosotros mismos y cuidarnos, pero si nos enfocamos constantemente en cómo nos vemos desde fuera, no estaremos presentes desde dentro. No nos presentaremos y bailaremos.

Al aprender a bailar, a menudo se presta mucha atención a la línea. Esta se suele interpretar como lo recta que está una pierna, o lo alargado que está un torso cuando se está de pie. Comúnmente la línea se ve como un efecto externo, cuando en realidad la línea es una expresión de pureza energética. Es muy importante centrarse en la línea. Básicamente, cuando permites un flujo de energía sin obstrucciones a través de tu cuerpo, estás encontrando una danza saludable que es buena para ti y que mejorará la conexión con tu pareja.

En la vida cotidiana, la búsqueda de una mayor conciencia de la línea y del uso de la energía es la razón por la que muchas personas optan por experiencias como el yoga, el tai chi, el trabajo corporal, etc. Al igual que en el tango, para entender la profundidad de estas reflexiones sobre la conexión, debemos dejar de lado las acciones del ego, útiles a veces para la auto-preservación. También debemos dejar atrás los conceptos egocéntricos de cómo nos vemos o de si somos percibidos como grandes bailarines. Estos conceptos se pueden dejar para una actuación o exhibición de tango.

Podemos centrarnos en estar presentes en un entorno de baile social de tango. Podemos aportar conscientemente una energía sana y una conexión con el mundo.

Debe haber una comprensión interna de la danza, que no se puede medir por cómo luce, o cómo pensamos que puede verse. La conexión con mi pareja reside en el deseo de que tenga una gran experiencia. Esto no se puede lograr preocupándonos por nuestra apariencia. Aunque la conexión siempre existe, si queremos crear conscientemente con ella, no podemos centrarnos en cómo nos vemos.

¿Cómo puedes verdaderamente tener ese enfoque si estás haciendo algo hecho para entretener a las masas? Por supuesto, los bailarines pueden actuar y estar muy conectadas, pero la conexión no se logra si ensayan movimientos mecanizados para causar un efecto visual. Claro que sigues teniendo una gran conexión con los demás durante una actuación, pero en la experiencia específica del baile social tu relación con tu pareja no es de espectáculo.

Es muy importante observar y entender esto, ya que la gente a menudo comenta que cree que no puede bailar. Esta valoración suele tener sus raíces en una comprensión externa y visual de la danza y en la supuesta conexión relacionada con lo visual. El problema que surge, casi inmediatamente, es una falsa suposición de que "no tienen ritmo".

> *"Yo soy" la danza y la propia música.*

Es imposible no tener ritmo, porque somos ritmo. Nuestro corazón late con un ritmo definido, y nuestra forma de caminar es una elección rítmica. La sincronización decisiva, la excelente claridad con la que verbalizamos una frase, o nuestra costumbre de contar cosas, o recitar el alfabeto, todo lo hacemos con un ritmo. La pregunta es cómo trasladamos la comprensión del ritmo a todo nuestro cuerpo en movimiento. Cómo "encarnamos" el tiempo y la musicalidad para compartirlos con otra persona en el baile. El movimiento rítmico a nivel celular es un tapiz físico continuo, que asumimos como inconsciente. Estamos hechos de esto y, sin embargo, parece estar fuera de nuestro alcance. Hay una correlación directa entre nuestro movimiento más profundo y los ritmos unidos de millones de nosotros moviéndonos por el mundo. Puede que no sepamos cómo acercarnos y comunicarnos activamente con todo el mundo, pero estamos conectados; cada uno con una expresión rítmica única que nace de quiénes somos. Cuanto más conscientes somos de estas diferencias, más podemos celebrarlas. Disfrutar de nuestra individualidad, a través de nuestra presencia colectiva.

Para iniciar una experiencia más profunda de esta consciencia, puedes empezar a ser más consciente del peso y la ligereza, así como del inicio del movimiento en tu cuerpo. ¿Dejas que tus piernas se sientan pesadas en el suelo, o te sientes ligero, como en un paseo por la luna? ¿Estás en algún punto intermedio? ¿Qué se mueve primero, la rodilla o el pie? Esta investigación personal consiste en una conectividad con tu cuerpo físico, que se traducirá en una conexión más profunda cuando bailes con una pareja.

Esta conexión y esta comprensión no se alcanzan cuando te preocupas por tu apariencia. Sí, puedes aprender movimientos por medio de copiar series que observas, por ver el proceso. Es una manera de empezar a aprender series de movimientos. Pero no pueden ser verdaderamente tus movimientos si solo los entiendes por su aspecto en la práctica.

Debes permitirte las sensaciones de conexión con tu cuerpo y las sensaciones de conexión con tu pareja, para moverte realmente en una experiencia de baile de guiar-seguir. Se trata de conocerte a ti mismo para comunicarte con el mundo y escuchar a un nivel conectado cuando otros se comunican contigo. Veamos esto de otra forma.

El uso de imágenes es seguramente una forma eficaz de lograr un determinado objetivo. La clave está en cómo comparas tu experiencia con esa imagen. ¿Qué haces para asegurarte de que estás presente y no simplemente intentas conseguir tu mejor imitación? La respuesta es estar dispuesto a aceptar otras imágenes además de aquellas a las que estás automáticamente acostumbrado. Esta receptividad es necesaria para encontrar la conexión y es muy beneficiosa para abrazar el mundo a través de la danza.

Tal vez puedas imaginar el tango más parecido al Tai Chi que a una actuación en televisión. Con solo cambiar ese pensamiento entiendes de manera distinta el equilibrio, la intención, la acción, la reacción y la conexión. Se trata de un cambio de consciencia por medio de cambiar las imágenes. Este cambio comienza sencillamente por imaginarte el tango como Tai Chi. Es solo un ejemplo de lo que podemos lograr al abrir nuestras mentes para reemplazar imágenes y explorar nuevos conceptos. Hay un valioso espacio de investigación entre dos ideas concretas, donde la comprensión de lo que buscamos empieza a surgir. Esto significa que no tenemos que comprometernos con una sola idea o imagen. Podemos alternar entre ellas y dejar que surja de nuestro interior un sentido más nuevo de "verdad" creativa.

La capacidad de utilizar imágenes y una imaginación creativa cuando consideramos algo que deseamos aprender, o que ya conocemos, es un instrumento importante que nos ayuda a conectar con los demás. Esto nos permitirá ampliar nuestra comprensión a las ideas de otras personas, y a las situaciones que estas puedan estar experimentando. Hay una sensación liberadora de improvisación que podemos experimentar al no pensar que las cosas son como las vemos, y punto. La vida consiste en vivir cada momento a plenitud y experimentar la repetición como si nunca fuera copia, sino más bien una oportunidad de renacer.

Con esta consciencia ampliamos nuestra comprensión. Vemos cosas donde no las veíamos antes. Esto nos lleva a una participación más presente y es necesario cuando hablamos de ciertos conceptos en los procesos físicos del tango. Uno de ellos, sumamente importante, es que la parte superior del cuerpo trabaja individualmente, pero en conjunto con la parte inferior, aunque están conectadas en la totalidad del cuerpo. Es un entendimiento similar a la relación de la mano derecha con la izquierda para un pianista. En el tango, le llamamos a esto disociación. Expandimos nuestra comprensión de nosotros mismos cuando nos enfocamos activamente en ello. En nuestra dimensionalidad.

Experimentar conceptos como estos es importante para obtener una comprensión más profunda sobre cómo podemos crear juntos. Si solo te permites ver la imagen de un baile de salón "fantástico" en la televisión, y luego juzgas tus capacidades en función de cuánto te pareces a eso cuando bailas, te perderás de lo que realmente debes explorar para encontrar una danza verdaderamente conectada.

El objetivo final es compartirnos con el mundo a través de nuestra presencia y nuestra conexión con nosotros mismos y con los demás. Ese es el abrazo global del baile en pareja. No es algo que se crea desde adentro, concentrándose solo en el exterior. El exterior se crea desde el interior.

La conexión no es una réplica. Es, en el momento, una expresión verdadera de nuestro baile.

CAPÍTULO 16
MÁS ALLÁ DE NUESTRA MENTE

Piensa más allá de lo establecido, permítete soltarte y simplemente diviértete. Esto permite una ligereza que necesitamos. Y depende completamente de nosotros. Si te permites disfrutar de cada momento del baile, no solo querrás bailar más, sino que contribuirás a crear una atmósfera, una situación, en la que más gente querrá bailar con más frecuencia. Es bastante simple y poderoso: disfrutar es en realidad crear felicidad.

Puede parecer intrascendente, pero no es así. La verdad es que es simple de implementar, pero sus efectos son de importancia universal. Recordar esto nos hace más conscientes de que somos poderosos creadores. Si queremos ver un cambio positivo, primero debemos empezar un proceso interno activo, siendo el tipo de cambio que queremos ver en el mundo. Si creamos nuestra propia paz, logramos que así sea.

El baile trae al espacio y al tiempo los colores o sensaciones con los que lo llenamos, los trae a nuestra realidad. Es la culminación física de nuestra creatividad. Un canal directo a lo que queremos ver en el mundo. El movimiento, creado por nuestras propias decisiones, es exactamente eso. Hecho por nosotros. Por tanto, podemos enfocarnos en crear el baile que queremos ver en el mundo.

A menudo, lo que nos conecta con el baile es diferente para cada quien. A veces, incluso es diferente para nosotros mismos en distintos momentos de la vida. A veces, es el ejercicio, el estar cerca de alguien, el dramatismo del tango, o la dulce sensación de movimientos suaves juntos, como susurrar un diálogo en el espacio. Hay muchas motivaciones distintas que nos llevan al baile. Cualquiera que sea la razón, o el espectro de razones, entender que la gran pasión no necesariamente significa densidad. Podemos decidir traer ligereza.

En ocasiones, vemos la densidad como si significara más, como si tuviera mayor valor. Esto no es cierto en cuanto a traer el baile al mundo. Un baile serio o "dramático" no tiene más valor que un movimiento ligero. El valor empieza a manifestarse en nuestra decisión de bailar. Ahí comenzamos uno de los mayores actos de manifestación en el universo, lo hacemos realidad.

Las diferentes actitudes afectan nuestra experiencia de la danza, y cómo la experimentan nuestras parejas. Juntos afectamos a la gente que nos rodea. A veces, es tan simple como estar agradecidos por el baile mismo. Un cierto reconocimiento de que tenemos la bendición de formar parte de él. El simple hecho de darnos cuenta de lo "grande" que es el baile, y saber que somos parte de él, puede ayudar a hacer espacio para la ligereza. Es impresionante y emocionante considerar cuánta gente podría estar bailando al mismo tiempo que tú, a lo largo y ancho del mundo, en cualquier momento.

Así es como podemos salir de nuestra mente, o al menos superar lo que creemos que son sus limitaciones. Permitirnos casi tener una sensación de conexión flotante. Puedes sentarte a leer estas palabras y pensar en cuánta gente está leyendo ahora mismo, mientras tú lees.

La gente está leyendo libros, mapas, gráficos, correos electrónicos, señales de tráfico, menús, cartas de amor, felicitaciones de cumpleaños, cosas que ellos mismos han escrito y pensamientos escritos por otros. Todo el mundo, en esencia, leyendo a la vez.

Aunque un poco ominoso, darnos cuenta de esto es impresionante. Y en su enormidad, nosotros encajamos, individualmente. Tu lectura es tan importante para el todo como todas las demás. Ahí, en esa observación, es donde la ligereza encuentra su lugar.

Esta práctica nos prepara para cambiar nuestra forma de percibir y disfrutar más la vida. Podemos usarla a diario en cualquier situación. Imagina, por ejemplo, que estás con un amigo conversando sobre algo difícil que le ha pasado, algo que lo tiene muy preocupado. Necesitas serenarte y escucharlo, aceptar su invitación. Estar presente y oír sus impulsos; saber hacia dónde quiere ir. Pero, para poder ofrecer cualquier palabra que alivie la dificultad de sus pensamientos, cualquier atisbo de una resolución poética, cualquier entendimiento lleno de amor, tú debes ser esa ligereza. Puedes serlo, porque esa ligereza se mueve, o baila, en todo ese espacio enorme creado al ser conscientes de que todos estamos interconectados. Reconoce la singularidad de tu amigo, mientras conectas los puntos hacia ese espacio mayor en el que estamos interrelacionados.

Para perfeccionar esta habilidad podemos permitirnos experimentar la alegría dentro del baile con regularidad. Asegurarnos de que estamos conectados con ese manantial de energía positiva que siempre existe. No se trata de una expresión instantánea e inconsciente de optimismo insensato, sino más bien de una decisión activa, desarrollada y consciente de ser feliz. Vibrar dentro de lo positivo es una elección que siempre tenemos. Con la práctica, podemos hacer que sea nuestra primera reacción consciente. Podemos ser alegres y ligeros. Podemos recibir esa ligereza y compartirla con nuestras parejas de baile, y con todos los que nos rodean.

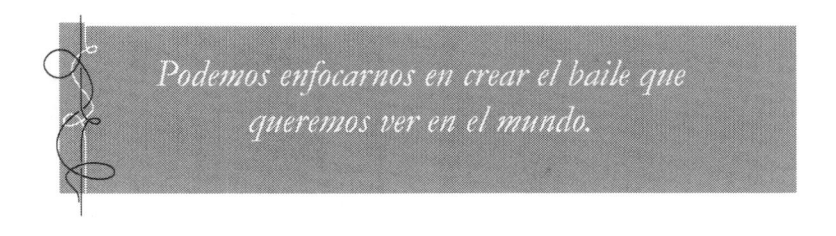

> *Podemos enfocarnos en crear el baile que queremos ver en el mundo.*

Así es como expandimos nuestras mentes. Así es como superamos lo que creemos saber y nos liberamos de nuestros sesgos. Salimos hacia lo más expansivo, bailamos al otro lado del espacio y volvemos. Lo bailamos desde dentro, para moverlo a nuestra realidad. Bailamos más allá de la percepción de lo que creemos saber, con la confiada emoción de un explorador iniciando cada vez una nueva y desconocida parte de nuestro viaje.

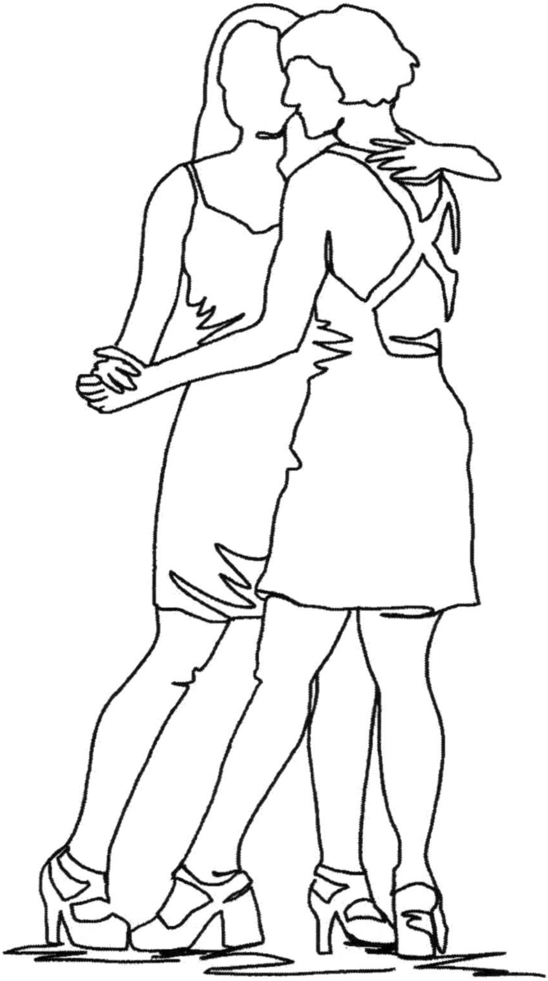

CAPÍTULO 17

IMAGINA

Imagínate bailando. Los pensamientos son cosas poderosas.

Entonces, ¿Qué significa "imaginar el baile"?

Significa que puedes visualizarte bailando. Cierra los ojos por un momento o dos, permite que tu mente siga suavemente tu respiración y luego visualízate bailando.

Siente cada paso, cada guía, cada seguimiento. Experimenta las imágenes, la gente a tu alrededor. La emoción, la pasión, la armonía y la paz. Es una forma proactiva de "entrenarte" para ser más creativo y encontrar una mejor manera de interactuar con quienes te rodean. Te conviertes en un participante consciente en el mundo.

Tomemos por un momento a una persona que tiene un sentido del olfato muy agudo. Es muy consciente de cómo le hace sentir el aire perfumado a su alrededor. El perfume de la persona con la que baila, tal vez el aroma del detergente con el que lavó su ropa. Esta persona también puede optar por visualizar o imaginar olores agradables, comidas, vinos, perfumes, etc. Si los demás observan, también sentirán las sensaciones que recorren su cuerpo al visualizar estas cosas. Nuestros pensamientos son poderosos, especialmente cuando visualizamos.

Puedes hacer lo mismo con colores, sonidos, texturas, sensaciones al tacto, etc. Tus sensaciones se vuelven más claras. La creatividad de tu imaginación te permite generar reacciones en tu cuerpo, en el momento que elijas. Estas sensaciones se pueden utilizar para participar más activamente en la relación y conexión con los demás. Puedes imaginar cómo huele un perfume, igual que puedes terminar de bailar y seguir sintiendo el perfume de tu pareja. Puedes imaginarte bailando, al igual que puedes acabar de bailar y tener las sensaciones persistentes. Lo "ves" ocurrir con tus sentidos.

La visualización es una técnica participativa en este contexto. Es una poderosa experiencia de autodescubrimiento imaginarte bailando activamente. Tómate un momento para notar tus sensaciones, tu comprensión de tu entorno. Utiliza tu respiración como vehículo para este viaje. Permítete llenar los espacios, los colores, los sonidos. ¿Cómo se ve el suelo? ¿Cómo es la sala? ¿Puedes escuchar la música?

Ahora tómate un momento e imagina que eres tu pareja, bailando contigo. ¿Cómo te ves desde su perspectiva? ¿Cómo te sientes? ¿Qué llevas puesto? ¿Lideras o sigues? Examina cómo es bailar contigo, siéntete a ti mismo. Cómo eres para bailar en este momento. Tómate un tiempo para experimentarte a ti mismo, a través de los ojos de una persona con la que estás bailando. Cómo te imaginas que te percibiría, que te experimentaría.

Permítete regresar a tu propio cuerpo. Ahora haz lo contrario. Explícale a tu pareja, o imagínate explicándole cómo se ve. Cómo se siente. Cómo la percibes. Explícaselo con la misma atención y detalle con que te experimentaste al visualizarte a través de sus ojos. Cuéntale lo que sientes cuando avanza, o se desplaza hacia un lado.

Dile qué se siente cuando te guía, o cuando te sigue. Permite que esa conexión pueda crearse en tu visualización.

Ahora cambia tu enfoque al grupo de personas que bailan contigo en la pista. Míralos. Escúchalos. ¿Hay muchos? ¿Hay pocas personas en la pista de baile? ¿Quiénes del grupo se mueven? Observa cómo se mueven todos en grupo o en "manada". ¿Quiénes entran y salen, y quiénes se quedan en las esquinas? ¿Quiénes se sienten atraídos por el centro y hacen pasos más decorativos, y quiénes continúan simplemente caminando con patrones sencillos por el círculo exterior de la pista?

Ahora permite que tu visión entre en diferentes personas por un momento. Como en una película, cambia tu punto de vista de una persona a otra mientras miras a tu pareja y a ti. Enfócate en cómo bailan juntos, cómo se ven, cómo se mueven. Mira lo que llevan puesto y la expresión de sus rostros. Presta atención a cómo ustedes, como pareja, entran y salen del tráfico en la pista de baile. Observa lo cerca que bailan el uno del otro o lo separados que están. ¿Tienen los ojos abiertos? ¿Parecen felices, apasionados, concentrados, alegres? ¿Están conectados musicalmente? Fíjate si tu tempo es más rápido o más lento que la música, o si estás perfectamente a tiempo.

Regresando a tu perspectiva, vuelve a mirar la pista de baile y empieza a describir lo que ves. Dile primero a tu pareja. Menciona todos los detalles que puedas. Incluye también los alrededores. Incluso las mesas y las sillas al borde de la pista. Las personas sentadas o de pie. Qué sensaciones te transmite la gente en el espacio. Luego, empieza a explicar a diferentes personas y parejas cómo las ves. Descríbeles con gran detalle la forma en que las percibes. Sé lo más creativo posible.

Imaginarte bailando con quienes están a tu alrededor es una experiencia que ayuda a conectar mejor con la comunidad. Es un ejercicio en el camino hacia una empatía más clara, así como a entender la responsabilidad, el agradecimiento y el efecto de la reacción-acción al bailar con una pareja en un grupo. Esta es una experiencia destinada a que te llene y te haga sentir bien. No debe parecer un trabajo duro. Lo emocionante es que no tiene un punto final, una meta. No hay parámetros impuestos por agentes externos, así que no debes autoimponerte ninguno.

Se trata de entender que en este viaje continuo siempre estamos bailando, todo el tiempo. Estamos coreografiando esta vida en una gran experiencia creativa e improvisada, tomando parte activamente en esta estructura orgánica y caótica. Estamos viviendo y en constante movimiento. Ser conscientes de la naturaleza de esta danza de coexistencia nos impulsa a explorar un espectro ilimitado, y establecer una conexión mayor.

Donde hay desconexión, puede haber conexión. Donde hay imposición, puede existir redirección. Donde hay incomprensión en nuestras comunidades, podemos lograr sanación. Esto no se trata de dar los primeros pasos; ya hemos dado incontables pasos en esta danza que continúa con movimientos interminables. Se trata de consciencia, que nos lleva a una participación creativa más consciente. Es por entendimiento y amor. Solo imagina.

Sé lo más creativo posible.

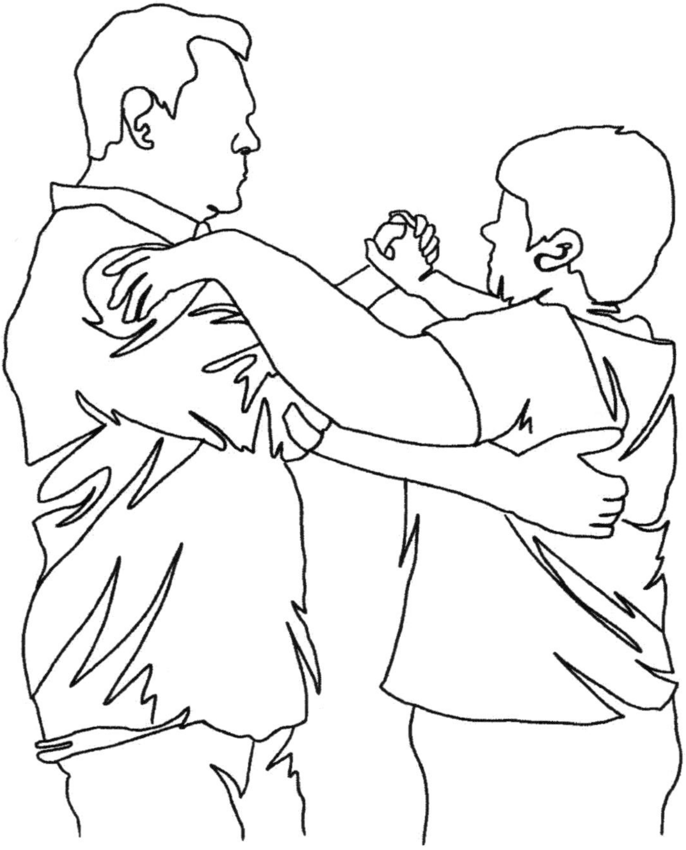

CAPÍTULO 18
A VECES

A veces parece que las cosas no están bien, o al menos que no las sentimos del todo bien. Esta es una de las frustraciones más grandes que muchos tenemos. A veces solo quieres deshacerte de todo... gritar. A veces te sientes atrapado, víctima de las circunstancias. Hay una sensación de incertidumbre que nos rodea, lo cual puede ser agobiante. La interacción puede ser todo un reto cuando nos sentimos así. Cualquier tipo de compromiso puede parecer excesivo porque hay un sentido de responsabilidad hacia los otros. La idea de que alguien esté vinculado a cualquier acción que se espere de ti está por fuera de lo que encuentras concebible en el momento. Ni siquiera respirar parece funcionar.

Estos momentos a menudo tienen mucho que ver con la percepción. Nos sentimos atrapados en nuestra propia mente e incapaces de entender el mapa de nuestros sentimientos, mucho menos el vacío físico entre nosotros y los demás. Sin importar su manifestación inmediata, este momento es un lugar increíble y sincero en el cual estar. Es la oportunidad de hacer borrón y cuenta nueva, de voltear la página. Y, ¿ahora qué?... Improvisa.

Cuando bailamos, nos damos la oportunidad de simplemente avanzar por el momento presente. Esta es una excelente manera de cambiar cómo nos sentimos, ya que es una posición empoderadora. Juntos podemos salir a la pista y comenzar a entender mejor nuestro propio espacio interior, mientras nos movemos sin aferrarnos a ningún resultado específico. Piensa en todas las posibilidades que puedes crear con solo no juzgarte a ti mismo... permitiendo sencillamente que seas. Permítete moverte como quieras en ese momento. Sin planear, pero teniendo que responder a tu pareja. Es una experiencia muy enriquecedora.

Improvisa.

Una de las experiencias más enriquecedoras es simplemente ir más lento y dejar que la energía resuene entre tu pareja y tú. El poder de estar básicamente "quieto" por un momento, no sentir la necesidad de moverse, sino más bien esperar y ser más conscientes de la conexión. Deja que el movimiento casi descienda desde arriba, hacia tu cuerpo... como si estuvieras canalizando tu deseo auténtico de moverte. Esta es una experiencia difícil de describir en palabras.

Hay que vivir la experiencia, probarla. Hay un camino indiscutible que se abre, donde tu movimiento y por tanto tus decisiones, fluyen hacia ti. Esto no es solo reverencia hacia una conexión mayor, sino también una observación para no hacer elecciones de movimiento basadas en la reacción. Es darte el tiempo para dar cuerpo a tus elecciones. Esto permite una resonancia de mayor vibración y comunica a un nivel más profundo con tu pareja. Un rasgo reconocible de esto es que tu danza se aleja inmediatamente del afán de espectáculo y se convierte en el momento y su experiencia auténtica contigo y tu pareja.

En ocasiones, cuando todo parece estar fuera de tu control, o ir en una dirección que no quieres, es importante simplemente tranquilizarse y respirar. Estos momentos de respiración son importantes. Una oportunidad de calmarte. Aquí no solo estás recargando tu energía, sino que te estás dando la oportunidad de no desperdiciar tanta energía en cosas improductivas. Este es un gran punto para empezar a ver la posibilidad nuevamente, y no continuar en una especie de círculo negativo donde te persigues tu propia cola.

Este ritmo de reflexión más tranquilo también es maravilloso para compartir con otra persona. Imagina la consciencia más profunda que obtienes al relacionarte con alguien si bailas con esa persona partiendo de este lugar. No estás permitiendo que las voces negativas controlen lo que te dices a ti mismo, y por lo tanto, hay una energía más calmada para compartir con quien esté contigo. Acercarnos a la gente en la vida cotidiana desde este punto de vista nos da más claridad. Podemos ser más receptivos y percibirnos a nosotros mismos y a las personas que conocemos.

Imagina si más y más de nosotros camináramos por el mundo con esta mayor sensación de paz. Si simplemente decidiéramos renunciar a parte de la tensión que nos atormenta cuando las cosas parecen difíciles, a cambio de un poco de claridad. Si compartiéramos un reconocimiento de nuestro poder creativo para cambiar, especialmente en esos momentos en que las cosas parecen diferentes de lo que esperábamos, imagina lo que podríamos crear juntos.

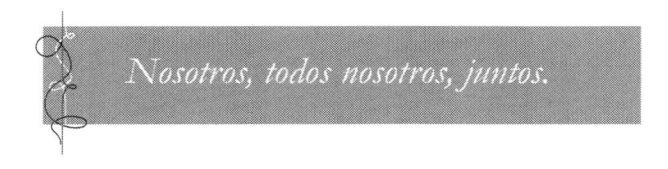

Nosotros, todos nosotros, juntos.

CAPÍTULO 19
CREANDO JUNTOS

Siempre estamos creando juntos en lo desconocido. Los ocho mil millones de nosotros. Creamos todos los días, un tango a la vez. Siempre participamos activamente. La consciencia de esto es un despertar espiritual. No se trata de ninguna religión organizada, doctrina o sistema de creencias. Se trata de nosotros. Está hecho por nosotros. Somos nosotros. El poder de juntarnos e improvisar se ejemplifica en nuestra decisión de hacerlo. El acuerdo de bailar juntos es una experiencia creativa y festiva, hecha por ti y por mí, juntos.

La improvisación se manifiesta en las decisiones creativas que tomamos en pareja. Al movernos dentro de "la danza" sabemos que hay acciones y reacciones, causa y efecto. Este es el poder de entender nuestra interconexión más plenamente. La exploración continua del seguir y guiar... un flujo y reflujo hermoso, como la respiración. Las posibilidades parecen infinitas. Este atisbo del infinito aumenta la comprensión de nuestra conexión y de nuestro viaje.

Somos creativamente poderosos. En realidad, existe un campo creativo mucho más amplio que lo que ocurre entre una pareja. Así como nosotros, individualmente, estamos afinando nuestro entendimiento de cómo creamos nuestra realidad, esta improvisación conjunta y este baile como parejas también crean para el mundo. Lo que cambiamos por dentro tiene un resultado a nivel individual y colectivo; nuestros cambios internos afectan a otros y a nuestro entorno.

Esto es muy poderoso; es creatividad al doble. Y cuando bailamos en un mismo espacio con otras parejas, piensa en todo el efecto que esto tiene en el "mundo exterior". Todo se rige de adentro hacia afuera. La creatividad es poderosa y, citando el cómic de Spiderman, "un gran poder conlleva una gran responsabilidad". Esto suena siniestro, ¿pero cuáles son nuestras responsabilidades creativas? ¿De qué tenemos que ser responsables, si solo queremos bailar y pasarla bien?

Esto no es algo de qué preocuparse; por el contrario. La palabra "responsabilidad" es una palabra maravillosamente empoderadora, especialmente cuando se trata de creatividad. La mayor responsabilidad que tienes al crear es ser inclusivo. Estar continuamente conectado a la inclusión. Esto, en el baile y en el tango, es esencial si queremos que funcione con nuestro mundo. Todo se trata de la inclusión. Comienza creando esto conscientemente en nosotros mismos. Nuevamente: yo... tú... nosotros. Así es como expresamos la aceptación a nuestro propio ser al aceptar a los demás. "Haz a los demás…"

La inclusión en un espacio no nace de un anuncio mercadológico. Nace de la decisión creativa individual, luego en la pareja, y por tanto, en el grupo. Es una "disposición" dentro de la improvisación del baile, en donde somos creativamente individuales en una conexión unida. La realidad es que, a medida que improvisamos juntos, esta inclusión está siempre presente. Es el estado universal de las cosas. Significa que debemos ubicarnos, por nosotros mismos, en un espacio creativo donde no estamos bloqueando esta verdad. Bloquearlo es dañino. Aquí es donde podemos entender lo destructivo que puede ser el ego, no solo para los demás, sino para nosotros mismos.

Esta ya es nuestra realidad. Todos estamos conectados, lo veas o no. Estamos conectados, sin embargo, el ego nos ha llevado a vivir en un mundo donde repetimos, una y otra vez, actos de división y separación. Estos actos son más dañinos para nosotros como individuos que para los demás. Bloquear o intentar cortar una conexión es traumático para nuestra existencia. El ego lo racionaliza como un "mal" necesario para excluir a quienes creemos que no encajan o que son indeseables.

El daño real está en la disonancia extrema que esto crea. Percibimos las "divisiones" porque todavía estamos conectados. En otras palabras, no puedes realmente romper la conexión, y por lo tanto es un intento frustrado y egoísta de causar un efecto que no es posible. Esta incapacidad de crear una ruptura crea energía atascada y fracturas destructivas entre las personas y los grupos. Nunca estamos solos y todos estamos conectados. Es precisamente por esto que, para crear una mejor experiencia en nuestro mundo, debemos admitir que las divisiones son creadas por nosotros, los seres humanos, y con una mayor consciencia abrazar la unidad. Un despertar maravilloso puede suceder en cada abrazo. Creamos estas divisiones. Somos nosotros quienes tenemos el poder de sanarlas a través de un entendimiento más fuerte de nuestra conexión.

Ciertamente, nuestra esperanza reside en nosotros, en crear juntos y ser cada vez más conscientes. Si entendemos la importancia de la consciencia, nos damos cuenta de que siempre vale la pena dirigir y redirigir nuestra potente energía creativa. Siempre vale la pena ser conscientes de los pensamientos y de los estados de ser. No solo somos capaces de bailar tango en este planeta; somos el tango de este mundo. Nosotros lo hacemos realidad, seamos conscientes o no. La consciencia depende de nosotros, y es uno de los portales más grandiosos por los cuales podemos decidir pasar. En este caso, entrar en un abrazo y salir a la "pista de baile".

Un despertar maravilloso puede suceder en cada abrazo.

Si te permites calmarte y percibir los acontecimientos a tu alrededor, puedes sentir una fuerte conexión con los otros. Puede que te alegre la risa de un niño en una tienda, o que sientas el peso y el sufrimiento de una comunidad afectada por un desastre natural al otro lado del mundo. Esta experiencia empática no tiene sus raíces simplemente en el hecho de ser una persona bondadosa, sino en la conexión eterna y energética que compartimos como seres humanos. Es como la unión de un solo cuerpo, compuesto de muchas partes. Y a través del cambio, la experiencia, el nacimiento y la muerte, estamos regenerando constantemente este "cuerpo". Es similar a cómo se regeneran las células: crecemos, nos sanamos o pasamos información genética individualmente, lo que nos conecta con nuestros antepasados. Estamos conectados. Estamos creando.

Es precisamente con esta tranquila entrada en la conciencia empática que entendemos la poderosa experiencia de crear juntos. Cuando encontramos la forma de seguir y guiarnos el uno al otro en el espacio, llevamos con nosotros la familiaridad conectada del "nosotros" hacia lo "desconocido". Así es como somos capaces de abrir los canales por donde brilla nuestra creatividad hacia el espacio e interactúa libremente entre nosotros y con los demás.

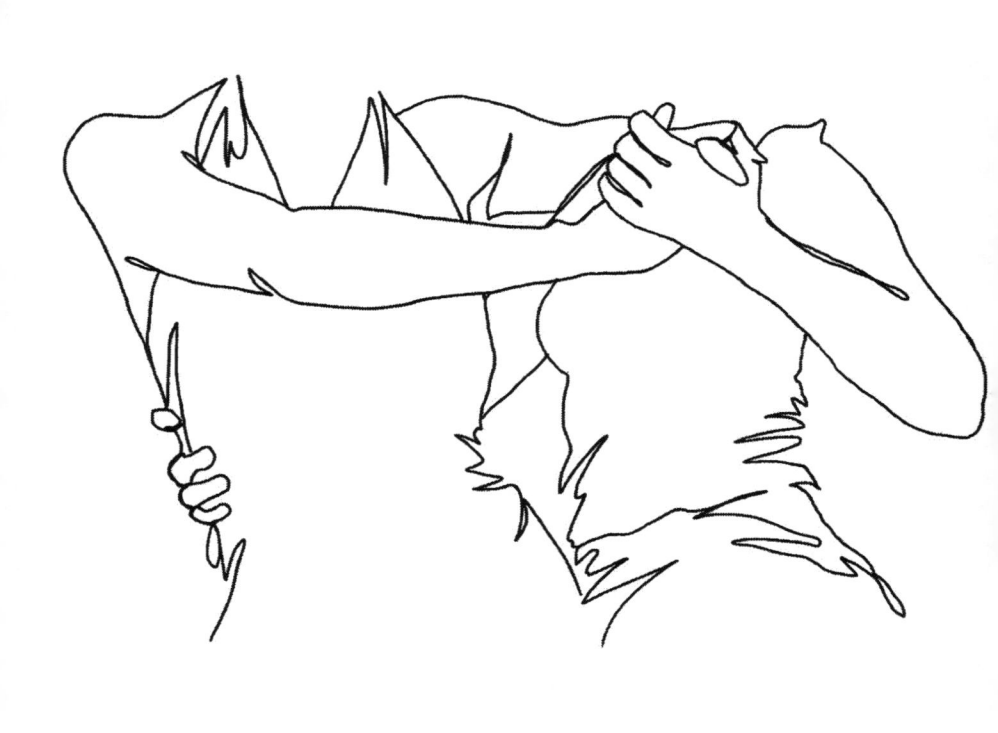

CAPÍTULO 20
AÑOS

Imagina todos los tangos bailados en los últimos 130 años o algo así; todas las parejas, estudiantes, milongas, grupos, músicos, celebrando. Piensa en las danzas que vinieron antes del tango. La rica mezcla cultural que le dio origen al tango: desde sus influencias musicales / rítmicas africanas, a su desarrollo uruguayo y argentino, hasta el fervor europeo y global actual. Es la unión de muchísimos abrazos. Considera las danzas en general: desde los inicios de la raza humana, tal como la conocemos, existen las danzas. Piensa en la energía que se pasa de persona a persona, de generación en generación, y que se transmite en el "ADN" de la danza.

Si exploramos el tango, todos los que han bailado tango antes están presentes en un solo tango. Están ahí, en un paso, en un momento, en un encuentro. Esto es un asombroso testimonio, no solo del poder de la cultura y de lo que se transmite de generación en generación, sino también de la influencia de varias culturas y de la conectividad. Los diferentes aportes culturales a través del tiempo son exactamente la información que necesitamos para entender cómo nos conectan esas danzas.

Entonces, si el "ADN" de un tango puede llevar información, esta se descarga a través de sensaciones. Las sensaciones son diferentes a los sentimientos. El apego emocional de los sentimientos afecta nuestro proceso. La experiencia de los sentimientos puede ser intensa, pero a menudo bloquea la conexión con el linaje. El proceso es mucho más calmado y simple que eso. Una vez conectado, entiendes que muchas personas han bailado juntas a lo largo de la historia y que hay un gran entendimiento de armonía. Armonía, porque todos estamos conectados a una gran danza.

El tiempo parece estar fuera del alcance de nuestro limitado concepto de medición, pero solo para darnos contexto, podemos imaginar la historia en años. Los años que hemos vivido, los que viviremos. Los tangos que hemos bailado y los que bailaremos. Todas las vidas y los tangos de antes, y todos los que vendrán. Esta conexión es, sin lugar a dudas, la invitación a vibrar con nuestra esencia más verdadera, sabiendo que somos una parte importante de algo más grande.

> *Armonía, porque todos estamos conectados a "una gran danza."*

La responsabilidad de esto no es un proceso racional. Se trata más de dar cuerpo a energías compartidas, experiencias, y siempre ofrecerá un tejido de ligereza. El disfrute, la risa, la pasión, la comunicación, las sonrisas y demás elementos que acompañan al baile son el verdadero tejido de ligereza que hace al baile especial. ¿Qué pasaría si incorporáramos esa misma forma de ser, la conexión con eso mayor y la ligereza, a nuestro día a día?

Los años de experiencia llegan y podemos ser conscientes de cómo tratamos a los demás, cómo nos relacionamos con ellos, cómo interactuamos. Estas son invitaciones a una comprensión más profunda, sin la necesidad de reflexiones problematizantes o densas. Las decisiones de bailar juntos en este mundo, de bailar siempre, son decisiones.

Pero el hecho de que estemos siempre involucrados en esta danza es una constante en las distintas eras.

Entonces, aceptamos bailar y ofrecer la mejor conexión posible con nosotros mismos. Hacemos una marca evolutiva importante. Impactamos el cambio simplemente contribuyendo al momento presente. Comenzamos a configurar un factor determinante de lo que se hereda, y lo que se deja atrás. Todo lo que tenemos que hacer es presentarnos y bailar. Esa es la ofrenda que se transmite a través de los años.

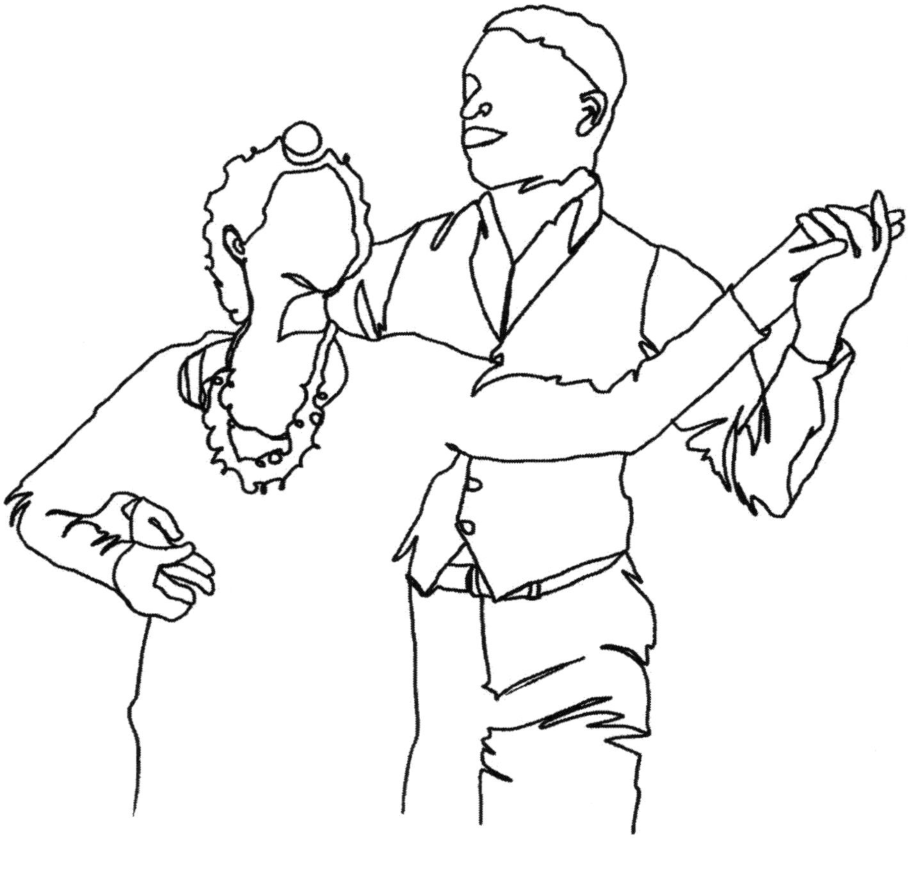

CAPÍTULO 21
HUMANIDAD

Hemos dedicado mucho tiempo a centrarnos en la danza entre tú y yo, los dos. En cómo actuamos, reaccionamos e interactuamos, y los paralelos a cómo nos relacionamos con los demás en la vida. La siguiente "lección" evidente, por llamarla de alguna manera, es cómo coexistimos con otros bailarines / parejas en la pista de baile.

En las milongas, donde se baila el tango socialmente, hay un número variable de personas en la pista. A veces hay más espacio, mientras que otras veces la pista de baile está completamente llena. Hay algunas reglas sencillas que seguir. Por ejemplo: el baile siempre se desplaza alrededor de la pista en forma de óvalo o círculo, siempre en sentido contrario a las agujas del reloj. El "tráfico" debe seguir fluyendo por el carril principal. Nos referimos a esto como la "línea de baile". Aquellos interesados en bailar combinaciones de pasos más estacionarios deben moverse hacia el centro. La música suele sonar en tandas de tres o cuatro tangos, con un breve preludio de un estilo de música diferente, como salsa o rock and roll, entre tanda y tanda, llamados "cortinas". A veces, se toca una pieza entera de otro género para bailar –salsa, swing– para romper la rutina.

Existen otras reglas sencillas, relacionadas más que nada con el mantenimiento de un espacio seguro y funcional, y con un trato apropiado a quienes te rodean y a tu pareja de baile. Pero no hay otras instrucciones sobre el baile en sí. Solo se trata de intención y acción, acción y reacción. Así que podemos improvisar y crear. Bailamos y viajamos al ritmo de la música mientras experimentamos a nosotros mismos, nuestra pareja y a los demás en la pista. Igual que en la vida cotidiana.

La tarea es moverse con el flujo del "tráfico" o encontrar los espacios para desplazarse respetuosamente entre parejas cuando sea necesario, sin dejar de mantener nuestra propia relación de baile comprometida y emocionante. El objetivo es bailar sin perturbar la trayectoria ni las intenciones de los demás, sino más bien añadir a la experiencia colectiva a través de la improvisación. La clave está en experimentar las sensaciones, a la vez que tomamos decisiones proactivas y armoniosas. El estilo, los acentos, la puntuación, la conversación, por llamarlos de alguna forma, de nuestro baile, deberían ser una celebración. La mayor celebración de todas es cuando encajamos en un grupo manteniendo nuestra propia voz. Ese es el ideal. Uno de los sentimientos más incómodos que pueden existir en la pista de baile es sentirse apurado.

La gente que hay detrás de ti pisándote los talones para que vayas más rápido. Puedes optar por intentar moverte, acelerar ligeramente o simplemente continuar de forma relajada, concentrándote en tu tango. ¿Quizás es una combinación de los tres? ¿Te giras y cambias de dirección para poder ver a la persona y hacerle saber que no te gusta? Al final no hay una única decisión "correcta" en cada situación, sino más bien participación y comprensión.

La presencia ayuda a ver cada circunstancia individualmente. Es la misma circunstancia que nos permite no solo coexistir de manera independiente, sino coexistir en un estado de paz participativo.

Podemos comparar esta experiencia con estar en la carretera en un auto. La mayoría de los que hemos conducido durante bastante tiempo no pensamos mucho en incorporarnos a una autovía o a una carretera importante.

Simplemente nos metemos. Miramos y ajustamos nuestra posición en el tráfico en el mejor momento posible. Confiamos en que los demás mantengan la distancia correcta y cambien de carril adecuadamente. Pero sabemos que esto no siempre es cierto. A veces, debemos tomar decisiones rápidas. A veces, hay quienes no prestan atención o se apresuran más allá del flujo del tráfico hasta el punto de causar molestias. Estos momentos pueden ser peligrosos, especialmente si no estamos prestando atención al cien por ciento. Todas estas cosas pueden suceder, y sin embargo, confiamos lo suficiente como para entrar a una situación a cien kilómetros por hora o más.

Ya sea caminando por una calle llena de gente, moviendo carritos de compra alrededor de un supermercado o haciendo fila en el banco, hay otros que comparten la pista de baile con nosotros. Cómo actuamos e interactuamos se puede entender, dentro del foro de los bailes en una pista de baile. Nosotros, los otros bailarines y el espacio.

Compartir el mundo, ser una comunidad global y al mismo tiempo enfocarnos en nuestras metas deseadas es crucial para la paz. Hay mucho que aprender al compartir una pista de baile. Una vez más, a veces es importante simplemente sentarse y observar el espacio de baile durante un tiempo. Observa todas las parejas bailando alrededor de la pista de baile. Sus similitudes, diferencias. Cada ser humano único, cada pareja diferente, expresando sentimientos y comunicándose, mientras comparten un espacio. En un sentido de armonía creativa, contribuyendo al todo. Esto no solo nos hace apreciar la belleza, sino que también guía nuestro baile. Nos ayuda a entender mejor cómo podemos ser parte de la próxima aventura cuando salimos a la pista de baile con nuestras parejas.

Hay un nivel increíble de respeto que surge al entender la vida interna de cada una de estas personas en la pista La perfección de todo ello en un caos aparentemente organizado. Hay vida en todos, y de alguna manera se comparte poderosamente cuando bailamos. Se comparte con nuestras parejas, así como con los que bailan cerca de nosotros, y también con los que observan. Quizás una de las experiencias más profundas es alcanzar un verdadero sentimiento de compañerismo, incluso si no estás bailando, simplemente observándolo todo y entendiendo la humanidad en el grupo.

Es como ese momento antes de salir de tu casa, o de responder a una llamada telefónica, o hablar con un compañero de habitación, o incluso jugar con tu perro. Si nos tomamos un tiempo para ser conscientes y conectar con nosotros mismos, y con todas esas almas que están "allá afuera", en el mundo, en la pista de baile, estamos eligiendo conscientemente unirnos a la danza. Esta es la percepción de cómo nuestra interconexión afecta a nuestra humanidad.

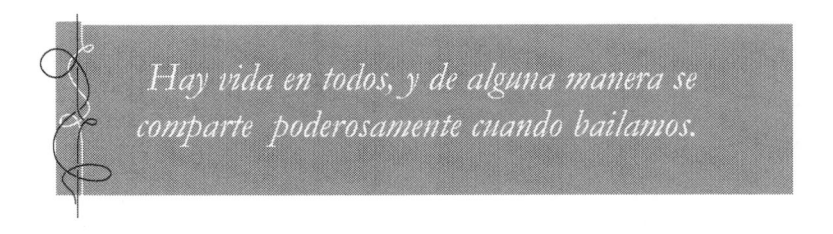

> *Hay vida en todos, y de alguna manera se comparte poderosamente cuando bailamos.*

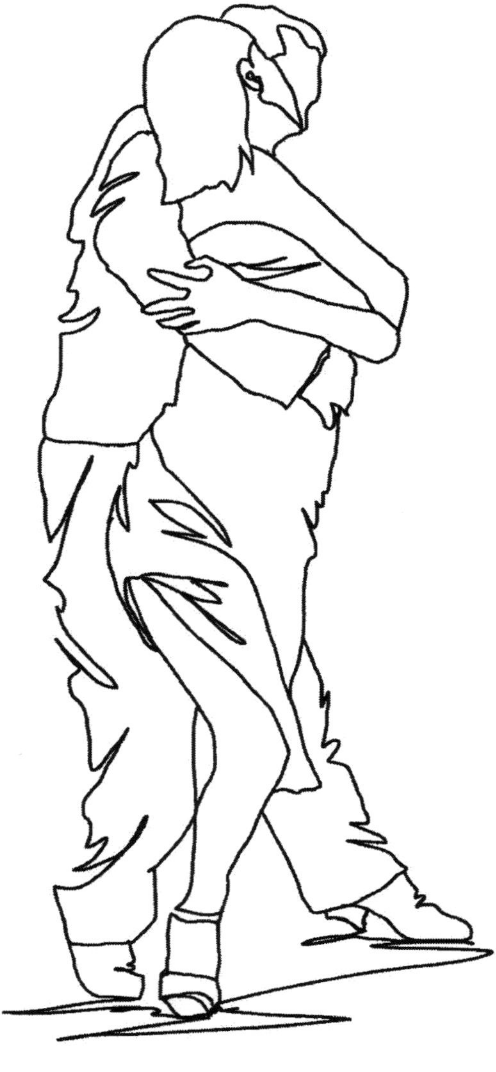

CAPÍTULO 22
NOCHE Y DÍA

A menudo asociamos la idea de parejas bailando, especialmente tango, con la noche. Se entiende. Con la pasión y el carácter "adulto" asociados a esta danza, la gran cantidad de dibujos auténticos de las milongas argentinas del siglo XX, los espectáculos parisinos o la suntuosidad a menudo tergiversada de Hollywood, casi siempre se nos presenta un ambiente nocturno.

Pero el tango que bailamos y las danzas que experimentamos tienen una importancia especial para traer la noche a la luz del día. Estamos constantemente bailando juntos, y el tango diurno es tan importante en nuestras vidas. Abraza nuestra coexistencia a todas horas. Porque, de día o de noche, esta danza es parte de la vida.

Caminamos por la calle con muchos otros, en momentos de interacción; un baile "no planificado". Literalmente improvisamos juntos en la calle. Coexistimos, así que nunca estamos solos. Y en esta danza improvisada de convivencia podemos encontrar la conexión más genuina con nuestra humanidad individual: no tenemos el control total, pero estamos completamente presentes. Estamos aquí, aquí juntos, de día y de noche.

La decisión de ser verdaderamente conscientes de los demás e iluminar nuestra conexión es importante y alcanzable. Interactuar con quienes nos rodean es algo auténtico cuando estamos conscientes y presentes. Estamos participando activamente. Eso marca la diferencia. Esto no quiere decir que simplemente "presentarse" y actuar como un autómata no tenga cierto valor a veces. La repetición tiene un valor similar a un mantra y, en ocasiones, es necesario repetir las cosas simplemente para encontrar la vibración de la ligereza.

Entender que no importa si es de día o de noche es clave para todo este proceso, tanto literal como simbólicamente. Es decir: no importa si tu enfoque es romántico o poéticamente orientado. Por muy dramáticas que sean las letras de un tango, es a través de las sensaciones y de una sensación general de ligereza que encontrarás la conexión más profunda. Es más ligero de lo que puedes pensar.

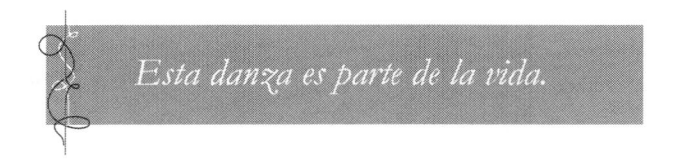

Esta danza es parte de la vida.

La propuesta es sencilla en esencia. Es invertir nuestra percepción del sueño y la realidad. Es decir, que el baile con otro se identifica como fantástica en su presentación poética. La idea metafórica de bailar con alguien. Una escena típica que podríamos imaginarnos viendo en una coreografía escénica o una película podría ser: se ven desde lejos en el café, saben que el otro está ahí. Finalmente, sus ojos se conectan y el tiempo se detiene, todo comienza a moverse en cámara lenta. Cuando él se levanta para acercarse a ella, extiende la mano y comienzan a arremolinarse imágenes de pájaros y colores fantásticos al entrar en el abrazo. Los pies de ella apenas tocan el suelo, todo lo demás se congela y escuchamos el latido de sus corazones unirse a la música cuando comienzan a bailar...

Es esencial ser conscientes de que experimentar estos sentimientos no da mayor valor a la interconexión universal. Esto es algo que podríamos sentir, de hecho podríamos experimentar este tipo de conexión emotiva con alguien, o no. Sin embargo, puede presentarnos una realidad incorrecta, y podríamos llegar a pensar que siempre debemos tener estas sensaciones "románticas" para estar conectados. Esto es completamente falso. Además, podríamos tener estos sentimientos y aún no ser conscientes de nuestra verdadera conexión. En otras palabras, sentir algo romántico por alguien no implica automáticamente consciencia, mientras que podríamos tener una fuerte apreciación de nuestra conexión con alguien hacia quien no sentimos atracción romántica. La consciencia de la conexión no depende de lo romántico; de la misma forma, el tango no depende del día o la noche.

El poder de actuar, sintiendo y percibiendo a otro físicamente, todo engloba mi experiencia aceptada. Si realmente entendemos que necesitamos un mundo más conectado, entonces ese conocimiento se vuelve una invitación, y una responsabilidad. El cambio comienza con nosotros. Conectar es más simple de lo que pensamos, una vez que está esa invitación... podemos decir "sí".

Ese "sí", esa conexión, nace de un entendimiento verdadero de cómo debemos liberarnos de los estereotipos. Si comenzamos a colocar el tango intencionalmente en lugares donde creemos que no encaja, ejercitamos la parte que necesitamos abrirnos el uno al otro. Lo usamos como vehículo para entender la conexión. Anímate a cambiar el fondo, cambia las imágenes. Esto no se trata de apropiarse de una historia. Se trata de compartir el genio absoluto que es el don mundial del tango, un movimiento improvisado. Esto es avanzar.

¿Por qué no imaginar el tango bailado en escenarios que vayan más allá de una calle empedrada de Buenos Aires con un poste de luz? Imagínatelo en el Serengueti, en las calles de Shanghái, en las playas de Miami, en la Patagonia, en las Galápagos, en Caracas, en el Amazonas, en Montreal, en el Mar Muerto, en Cuba, o en cualquier parte. El "día y la noche" pueden bailar tango juntos, en eso radica su magia. Negros, blancos, homosexuales, heterosexuales, bajos, altos y un largo etcétera: todos somos diferentes, espectacularmente diferentes, y estamos conectados. Podemos encontrarnos en el tango, en nuestra danza. Podemos ser nosotros mismos y compartir y crear juntos.

A menudo escuchamos que el rojo es el color del tango. Es posible que haya una buena razón para asociar un color, especialmente con la pasión de la música, el drama de las letras, los vestuarios tan frecuentemente usados, quizás la "sangre" y el "amor" de la prueba y el triunfo estén representados en este color. Pero, al final, quizá sea una representación comercial de algo mucho más universal. En verdad, el tango es rojo y azul, naranja, negro, verde, blanco, morado, amarillo, gris y de cualquier color. Hecho de cualquier persona, en cualquier lugar, hecho de nosotros, de día o de noche.

CAPÍTULO 23
VAMOS A BAILAR

Para experimentar el poder total de la danza, necesitamos "dejar ir"... ¿pero soltar qué exactamente?

Dejar ir se trata de expectativas.

Es soltar la expectativa de recrear una sensación basada en una experiencia del pasado o anticipar una sensación que deseas para el futuro.

Dejar ir no es una sensación de la "nada" pasiva, al contrario, es ser consciente y estar muy presente. Esta participación en la danza toma fe en el proceso de ser parte activa de la evolución. Esta fe descansa en la simple certidumbre de que todo lo que ocurrió antes influye en este momento y todo lo que vendrá después es una proyección no lineal a través de este instante. Al participar con tus sensaciones, eres capaz de vibrar activamente en el "ahora". Es aquí donde definimos nuestro "uno", dentro de la conexión de todo. Este es el lugar a través del cual podemos conectar verdaderamente con alguien más. Es cómo podemos comunicarnos. Somos Dos – pero Uno – pero Dos.

La experiencia de estar contigo y comenzar a bailar no proviene de una sensación solemne de "vacío", sino de una presencia consciente y comprometida. Como ejercicio, puede ser muy útil turnarse para cerrar los ojos. Al eliminar el sentido de la vista, nos permitimos un portal hacia adentro, para establecer una mayor conexión con las sensaciones. La experiencia de obtener información a través de "sensores" energéticos, como si tuviéramos antenas que se comunican energéticamente con nuestro ahora. Esto es como un ejercicio para las clases o de práctica. En una pista de baile llena, hay que estar atento a quién te rodea, así que cerrar los ojos puede no ser una gran idea. La lección importante de sentir con los ojos cerrados es aplicarla luego cuando los abras. En otras palabras, quieres tener una visión que vaya más allá de la vista. El inicio de este proceso es la conexión, y requiere de "dejar ir".

Una vez más, la respiración es clave. Como mencionamos antes, la respiración es un camino para tomar consciencia de nuestro ser físico y su relación con sí mismo y con quienes nos rodean. La respuesta fisiológica a nuestra respiración, así como el viaje rítmico hacia adentro y hacia afuera que implica, permite una exploración más consciente del universo que somos, así como del universo en el que estamos. Este es el proceso de compartir. Con la respiración podemos comenzar a dejar ir.

Con la respiración experimentamos el metrónomo de nuestro latido y su relación con nuestros pasos. También percibimos la tridimensionalidad de nuestro cuerpo físico y la multidimensionalidad de la existencia.

Aquí es donde hay un mayor reconocimiento de la conexión, en otras palabras, no los pensamientos lineales comunes sobre la conexión, sino una participación en todo lo que es. "Inhala" la danza que te rodea, y "exhala" la danza.

Nuestros sentidos son herramientas útiles para recopilar información y mejorar la consciencia de nuestra experiencia. Úsalos. Ya sea a través de la vista, el oído, el tacto, el olfato, etc., podemos recibir información que nos ayude a entender el espacio que nos rodea y nuestra conexión con él. Es una forma de reconocer el entorno y está directamente vinculado a las decisiones improvisadas que tomamos.

Para sentir en un estado muy presente, primero hay un dejar ir el último momento. Hay una liberación de dónde acabas de estar, para avanzar. Hay fe en que toda la información necesaria de tus experiencias, orgánicamente, te acompañará en tu evolución.

Soltar apegos tiene mucho que ver con soltar el miedo. Hasta que se practique bastante, esta atención consciente se siente muy desconocida y puede parecer aterradora.

El tango es el lugar perfecto para explorar estos elementos, porque no estamos solos. Tenemos a nuestra pareja frente a nosotros, y esto nos permite explorar juntos.

Refleja la vida en la pista de baile, donde nunca estamos solos. Nos permite entender que siempre estamos en el momento presente, y solo tenemos que enfocarnos en él. Hacemos esto juntos, por mucho que nos sintamos solos.

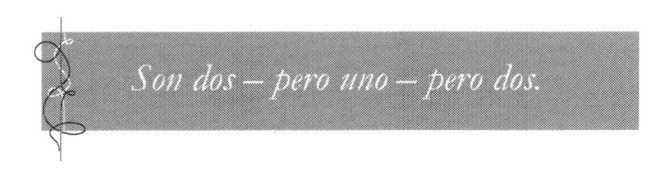

> *Son dos – pero uno – pero dos.*

Está totalmente en nuestro poder liberar aquellas cosas que nos pesan o sofocan nuestra creatividad. Es una habilidad que todo humano tiene. Podemos elegir en qué reflexionar y en qué enfocarnos. Nuestra perspectiva es muy importante, porque son nuestros pensamientos los que dan forma a "nuestra" realidad. Son así de poderosos. Podemos enfocarnos en hacer que cada paso, cada encuentro, cada momento compartido en nuestro día, sea más positivo. Esto lo logramos soltando y conectando. Podemos cambiar hábitos y agudizar la sutileza de estas habilidades bailando juntos.

CAPÍTULO 24

SER LUZ

La luz que nos rodea también nos conecta; es nosotros mismos. La necesidad de "dividir" esto en partes, en compartimentos, en segmentos, para entender individualmente a las personas, es simplemente incompleta en su abstracción. No estamos separados. Estamos conectados. La luz es prueba de ello, un recordatorio visual que parece invisible. Cuando nos permitimos verla conscientemente, reconocemos cómo se superpone nuestra luz. Mi energía se conecta con la tuya, y la tuya con la mía.

Esta energía que emitimos es luz. Incluso puede verse a través de gafas infrarrojas. Esto es ciencia, y esto somos nosotros.

Imagina por un momento que estás mirando un espacio de baile a través de unas gafas infrarrojas especiales. Si una persona entra en la pista, captarías una imagen de su calor, su energía. Ahora bien, cuando invitan a alguien a unirse y esa persona se acerca a seguirlos, o a guiar, sus energías empiezan a cruzarse. A medida que las parejas se unen a la danza, sus energías se conectan. Para distinguir entre las distintas energías en una pista de baile llena, hay que hacer un zoom extremo. Si no, ves una mezcla, un remolino, un océano de energía. Esto somos nosotros. Somos nosotros creando luz. Siendo luz juntos.

Cuanto más te permitas recordar esto, más comprenderás tu conexión más allá de ti mismo. Empiezas a entender lo que está más allá de lo que consideras como "yo", más allá de lo que consideramos como "otro". En este lugar extendido, la danza se produce. Bailamos más allá de nuestros cuerpos físicos. Imagina lo poderosa que es esta comprensión al tratar con las diferencias percibidas entre las personas en nuestro mundo. Piensa en lo que significa este reconocimiento para la desconfianza, la desarmonía y para las personas en guerra. Es un contexto muy diferente cuando nos permitimos reconocer nuestra luz. Cuando entendemos esta conexión en la vida, en la convivencia, podemos respetar verdaderamente la vida. Vemos la luz de los demás.

En la danza, como en la vida cotidiana, cuando te abrazo, estoy abrazando tu luz con la mía. Estoy aceptando tu energía, tu calor para que toque el mío, para que se mezclen, para bailar juntos. En este lugar iluminamos el mundo. Literalmente, se puede ver nuestro calor. Juntos. Las decisiones, las formas que iluminamos, están iluminadas por nosotros. La luz está hecha por nosotros.

La gente a menudo se confunde y asume que se trata de un concepto poético o religioso, y por tanto es solo para los que creen. Tal vez sea porque muchos poetas, artistas y escritos sagrados se han referido a nuestra luz. No obstante, esto no es verdad. Nuestra luz es de todos. Vuelve a considerar el simple ejemplo de los equipos de medición de calor. El mero hecho de entender que "desprendemos" calor, ya es suficiente para empezar a considerar nuestra energía. Entendemos de qué se trata alimentar nuestro metabolismo. Usamos estos conceptos cuando creemos que somos conscientes de los resultados físicos. Cuando creemos que podemos medirlo con nuestras medidas "aceptadas".

Así que, tanto si se trata de fenómenos que vemos como tangibles, como el calor corporal o los sensores de calor que muestran los patrones de luz de nuestra energía, o nosotros bailando juntos considerando nuestra luz y el calor que sentimos cerca del otro, todo somos nosotros. Cuando nos permitimos experimentar la unidad de nuestra energía y seguimos practicando a movernos entre nosotros, seguiremos volviéndonos cada vez más conscientes de nuestra conexión. Comenzaré a entender cómo tu luz se mezcla con la mía. Honraré y respetaré eso. Entenderás cómo mi luz se mezcla con la tuya, a medida que avanzamos hacia el espacio y bailamos con todo nuestro ser. Cada vez que damos un paso adentro o afuera, alrededor o atrás, que giramos o hacemos una pausa, que nos tocamos o hacemos pivote, es nuestra luz moviéndose al unísono.

Esto también ocurre cuando hago fila para pedir un café. La persona delante de mí quizá dé un paso atrás, casi pisándome. Yo puedo retraer mi energía lo mejor que pueda, pero tal vez esa persona tropiece accidentalmente, y yo la sostengo para evitar que se caiga... y así sucesivamente. Esta es la danza que coreografiamos en el momento. Nuestra luz se mezcla y fluye. Hay una mezcla de nosotros que puede parecer íntima, pero a la vez es una parte del asombroso panorama general. Somos solo dos partículas, en nuestro planeta, en una cafetería pidiendo un café, pero somos una parte importante del todo. Formamos ese algo mayor, porque está hecho de nosotros. El gran resplandor, realmente, es nuestra luz unida.

Vemos la luz iluminando todo a nuestro alrededor. La vemos rebotar en las cosas, refractarse, así como desaparecer con la puesta del sol. Nos maravillamos con sus arcoíris y nos asombran las criaturas de las profundidades marinas que iluminan la oscuridad por sí mismas. Jugamos con las luciérnagas y asistimos a conciertos o a noches en el teatro donde la luz está presente con un diseño humano sofisticado.

Reconocemos la luz. En esencia, hay una atracción hacia ella. Esta conexión nace de una semejanza con nosotros. Somos luz, y ella es nosotros.

Cuando vemos a dos personas sentadas en un restaurante, en mesas al aire libre, quizás estén al sol. Tal vez la luz baila a su alrededor mientras hablan, conversan, reflexionan, ríen, comen. Quizás entrecierran los ojos por las sonrisas en sus rostros, o por el sol que brilla sobre ellos. Están en la luz. Esto lo vemos. Es importante recordar que también están emitiendo su luz, su calor, su energía. Puede que necesitemos que esté más oscuro para verlo con gafas infrarrojas, pero está ahí. Es un elemento de su ser, parte importante de algo más grande.

Cuando bailas con alguien, si te permites silenciarte, conectar desde ese lugar de exhalación, puedes sentir el calor de la persona con la que bailas. Puedes percibir su luz. Desde este lugar recibes la bendita oportunidad de reflejo-espejo para considerar tu propia luz. Te vuelves consciente de cómo la mueves, cómo la proyectas, cómo envuelves a tu pareja con ella, cómo la diriges; cómo brillas. Estás creando con esta energía y la haces bailar. Eliges compartirla con quien deseas. Compartir la luz es la parte más asombrosa de ser humano. Siempre estamos conectados en la luz, y simplemente porque queremos, también podemos compartirla con intención.

A medida que despertamos a la luz de nuestro ser, o al baile más allá de nosotros mismos, nos damos cuenta del importante y poderoso efecto que tenemos en el mundo. Puede que ni siquiera nos demos cuenta de que estamos transfiriendo energía, hasta que vemos las huellas infrarrojas desvaneciéndose lentamente detrás de nosotros cuando caminamos, o abrazamos a un ser querido para darle calor, para compartirle nuestra calidez.

Entonces, mientras bailamos, ¿hasta dónde puede llegar nuestra calidez? Si somos capaces de emitir luz, ¿qué nos hace diferentes de esas estrellas que brillan en el universo? Estas son preguntas que no necesitamos responder solo con palabras o escritos, sino con las sensaciones de ser y crear juntos. Podemos unirnos en una danza más consciente y experimentar las posibilidades de nuestra energía. Podemos encontrar la iluminación, brillando en nuestra baile conjunto.

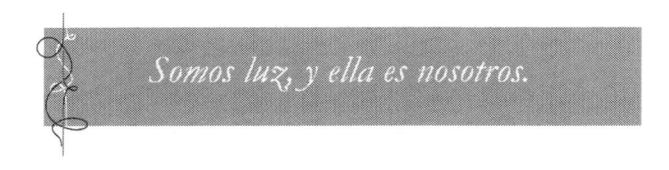

> *Somos luz, y ella es nosotros.*

CAPÍTULO 25
CAPACIDADES MIXTAS – EL ESTADO DE LA COMUNICACIÓN

El tango y los bailes de pareja a menudo se imaginan dentro de una idea preconcebida de lo que "es" el baile, basado en cómo se "ve". Esta es una perspectiva increíblemente limitada, considerando todas sus aplicaciones en comunidades a lo largo del mundo.

El tango no es solo para aquellos que consideramos libres de impedimentos físicos o desafíos. La poderosa conexión de los bailarines de tango llega a los reinos creativos de todos. Ya sea que alguien sea una persona amputada, tenga una discapacidad visual o auditiva, autismo, use una silla de ruedas, una férula, un andador, o cualquier otra situación dentro del amplio espectro de habilidades mixtas, el tango sigue ofreciendo conexión.

La experiencia de conectar y la importancia de entender el guiar y el seguir se hace especialmente aguda cuando no todo es "perfecto" a los ojos de alguien más. Hay gran valor e importancia en expandir la mente creativa, encontrar relaciones estrechas y tender puentes en el vacío que puede existir entre las personas.

Hay líderes fantásticos y dedicados en este ámbito que marcan una gran diferencia positiva. Hay bastantes organizaciones que trabajan específicamente con la danza y las habilidades mixtas. Aunque muchas se basan en la danza contemporánea, y tal vez tengan un elemento teatral, algunas se basan en el tango y se centran en la danza social. El enfoque específico en el baile en pareja para todos los cuerpos y circunstancias es increíblemente importante, dentro y fuera de la pista de baile.

Con demasiada frecuencia, en el mundo, seleccionamos una de dos opciones cuando una persona con capacidades diferentes está en nuestro entorno: ignoramos la diferencia o asistimos de más hasta el punto de presentar nuestra propia narrativa unilateral. En otras palabras, hay poca o ninguna comunicación. Ahí no hay conexión en la danza.

El tango es una excelente oportunidad para desarrollar y elevar nuestra comprensión sobre la importancia de la conexión y la comunicación. Con un sentido de comunicación verdaderamente desarrollado, no estás asumiendo, sino siguiendo; no estás dictando, sino guiando. Este es uno de los estados más saludables y auténticos de la humanidad: el estado de comunicación.

Asumir es una de las posiciones más destructivas / no constructivas que podemos adoptar como seres humanos. Esto no significa que no usemos la información para tomar decisiones informadas, por supuesto que lo hacemos. Pero, cuando estamos interactuando en una experiencia creativa, una conversación, emprendiendo un viaje, debemos comunicarnos.

Hay mucho de esto que el tango puede enseñarnos al interactuar y conectar con gente de distintas situaciones físicas, tanto en la danza como en la calle.

Por ejemplo, la experiencia de bailar con personas sordas puede ser hermosísima. Tal vez encuentres una sensibilidad distinta al bailar juntos. Podría haber una comunicación a través del movimiento, similar al habla, donde los gestos adquieren un mayor enfoque, un significado más fuerte, y podemos aprender más sobre la ejecución deliberada de un movimiento, mientras la persona oyente podría canalizar la energía de la música en la pareja, en el dúo. En esto, se permite que el momento se expanda más allá de la realidad de una sola persona y se entra realmente en un baile creativo de uno – pero dos – pero uno. Así es como expandimos nuestra comprensión de nuestro mundo. Así es como la información puede verdaderamente alimentar las experiencias, y así podemos hacer puentes y después hacerlos más y más cortos hasta acercarnos y estar casi pecho con pecho, corazón a corazón. Somos la danza y la danza proviene de nosotros.

Si me permito observar de verdad y no concluir una situación antes de involucrarme, entonces estoy abierto al amor. Al aprendizaje. Este es un marco para aprender sobre mí mismo, no solo sobre los demás. Es un enfoque que definitivamente puede ayudar a sanar. A menudo creemos que estamos en este espacio de apertura, que no estamos operando con nociones preconcebidas de la gente. Esto puede ser cierto, pero considero que el tango es un filtro excelente para verificar y ver si estamos en el instante sincero de conexión o si estamos viviendo en el pasado, con ideas de experiencias aprendidas sobre lo que alguien podría hacer, decir o bailar.

El estado de comunicación ofrece una comunión mayor. Está presente en el diálogo interior del tango. La capacidad de despertar nuestra consciencia hacia nuestra conexión nos permite la experiencia de bailar a través de la vida con todo tipo de personas. Combinamos nuestras habilidades y lo que aportamos a la danza en una nueva creación siempre y en cada momento.

CAPÍTULO 26
EL VIAJE

La danza, siendo un arte de movimiento, vive en las transiciones. El movimiento entre "poses". Se trata mucho más del recorrido que de la llegada a cualquier lugar. Las posiciones que podemos adoptar mientras bailamos no hacen que la danza sea danza. Como en la vida, se trata mucho más del viaje.

A medida que nos desplazamos por el espacio, bailando, nos damos cuenta de que los ajustes que encontramos en nosotros mismos, en nuestras parejas y en los que nos rodean, nos hacen aún más activamente creativos. Los cambios que surgen al sortear las cosas que suceden a nuestro alrededor, sean vías fluidas u obstáculos, son donde realmente se revela la "maestría" de la danza.

Esto se debe a que siempre estamos en movimiento, siempre en transición. El cambio constante es una característica de nuestra existencia; en realidad, nosotros somos el camino.

Justo aquí, moviéndonos allá y yendo por todas partes; viajar es el sendero hacia la evolución, porque está formado por nosotros.

Es algo distinto a visualizar el camino como algo que recorres, externo a ti. Se trata más bien de la sensación de que el recorrido es el pulso de la vida en esta travesía. El ritmo del mundo, establecido y generado por nosotros.

La decisión de trasladarnos de un lugar a otro es nuestra; la decisión de desplazarnos a muchos lugares distintos también es nuestra. Cuando viajamos a algún lugar en la pista de baile, o por la calle, primero lanzamos una idea de hacia dónde nos dirigimos. Nos fijamos un objetivo. A partir de ese momento, si nos obsesionamos demasiado con el cómo, o con planificar cada paso, el viaje será menos creativo y, en general, más difícil. Uno de los "hábitos" más importantes que nos ayuda a ser más conscientes de nuestros senderos internos, es estar en el momento presente con un espíritu de improvisación. Cada vez que lo hacemos con una pareja de baile, estamos proyectando hacia fuera una disposición interior a ser parte de la danza. A ser el camino.

Viajar, en cualquier capacidad, es muy valioso para nuestro desarrollo. No solo por los lugares que puedes ver, sino por el viaje en sí. El desplazamiento de por sí es valioso. Aprendes a conectar con los que te rodean. De esta manera estamos practicando cómo creamos el viaje. Observar es también una forma muy eficaz de relacionar esto con los momentos en la pista de baile. Basta con observar cómo las parejas cambian y toman decisiones que les hacen tener que adaptar su rumbo. Esta adaptación se convierte en parte del mapa más grande, la escultura que creamos en el espacio. El acto de encontrar una nueva dirección, "sobre la marcha", es el camino. Es la presencia. Es la forma en que evolucionamos, una clara expresión de nuestro libre albedrío y nuestra participación en nuestra comunidad.

Nosotros, los humanos, adaptamos nuestro viaje en el mundo de una manera única. Piensa en cómo evoluciona la materia orgánica. Piensa cómo las plantas crecen alrededor de los obstáculos para encontrar la luz.

Considera cómo podar a menudo hace que un jardín florezca más. De modo similar, a través de generaciones de objetivos y adaptaciones, desarrollamos rasgos que nos ayudan. Estos nos permiten movernos hacia una mayor ascensión. Pero, como humanos, tenemos libre albedrío. No tenemos que seguir solo un camino orgánico hacia la luz. Tomamos decisiones libremente para desarrollarnos.

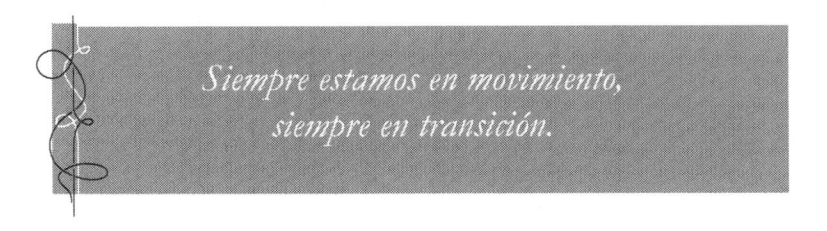

> *Siempre estamos en movimiento, siempre en transición.*

Básicamente, podemos decidir hacer algo "porque sí". Recoger una flor, detenernos a mirar el cielo, llamar a un amigo para contarle un chiste. Sean aparentemente útiles o contraproducentes, constructivas o destructivas, tomamos decisiones. En conjunto, somos capaces de crear algunas de las maravillas sociales y materiales más gloriosas, así como también somos capaces de la guerra y el genocidio. Así es como somos humanos. Proyectamos el viaje y luego bailamos el camino, en el momento, paso a paso, porque somos el camino en el viaje.

Cuando bailamos, también podemos decidir crear un movimiento o un patrón "solo porque sí", podemos adornar nuestro viaje con pasos diferentes, bailando como deseemos. Hacemos esto juntos porque nunca estamos solos. El viaje conectado es colaborativamente creativo. "Bailando", creamos juntos nuestra evolución. La importante conexión entre la vida cotidiana y el tango es cómo tomamos la decisión de ser conscientes. Decidimos si nos permitimos ser conscientes de nuestra relación con nosotros mismos y cómo nos asociamos con la relación de otros con ellos mismos.

Cuando estamos juntos en este estado consciente, no solo permitimos un espacio para la regeneración, la curación y la construcción, sino que los creamos. Y cuanto más nos movemos desde la conexión, más conscientes nos volvemos colectivamente. En pocas palabras, la sociedad empieza a observarse a sí misma como su propia creadora. La comunidad necesita conciencia de comunidad. Todo esto comienza con nosotros, con nuestra decisión de observar cómo tomamos decisiones mientras nos recorremos a "nosotros", el camino.

Mientras consideramos el impacto que tiene bailar con nosotros mismos y con los demás en la comunidad en general, empezamos a ver conceptos recurrentes que a menudo dominan la conversación espiritual universalmente. Estos conceptos filosóficos / espirituales / físicos se reflejan en frases como, nuevamente, "sé el cambio que deseas ver en el mundo", "haz con los demás…", "yo soy el camino, la verdad y la vida" y "toda acción tiene una reacción igual y opuesta".

Enfocarnos en usar la danza para explorar y activar nuestros caminos nos brinda la oportunidad de dar cuerpo y experiencia física a conceptos como estos. Empezamos a accionar sobre ellos a través del movimiento de nuestros propios cuerpos. Podemos utilizar esta "autoexploración" como una especie de trampolín para comunicarnos, relacionarnos y conectar a través del baile en pareja. Para entender mejor el efecto que tenemos en la comunidad y la comunidad en nosotros. Este es el "nosotros" como camino de evolución. Nuestra consciencia ilumina ese camino.

Cuanto más nos permitamos ver nuestra creatividad y nuestra increíble capacidad, más entenderemos el mundo que llevamos dentro. Cómo se refleja en nuestra comprensión del viaje. Quizá el filósofo francés del siglo XVI Michel de Montaigne tenía razón cuando dijo: "Me estudio a mí mismo más que cualquier otro tema. Esa es mi metafísica, esa es mi física".

Es a través de un mundo interno inmensamente extenso que empezamos a unirnos al mundo externo, y profundizamos nuestra comprensión de su conexión. Desde dentro, viajamos hacia fuera. Somos el camino a un mundo más conectado.

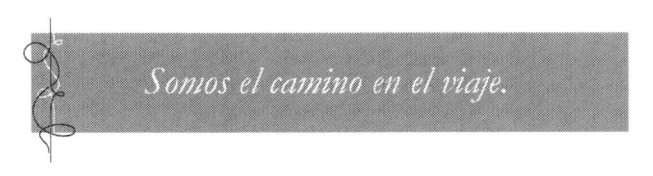

Somos el camino en el viaje.

CAPÍTULO 27
LA GRACIA DEL ABRAZO

Al final, consideramos la totalidad. ¿Qué significa todo esto?

Puedes observar a la gente caminando junto a una ventana, sentada en un restaurante, en el cine o en cualquier lugar, y siempre surge la pregunta de si están solos o acompañados. ¿Están solos, con alguien, con un grupo? ¿Tienen amigos o familia? Damos un valor tremendo a la relación con el "otro", como debe ser, porque este es el reflejo de nuestra relación con nosotros mismos. En ese reflejo del otro encontramos consideración, comprensión, redención, empatía. Encontramos cómo estamos conectados.

En el abrazo entramos juntos en una invitación siempre presente a la gracia.

La gracia del abrazo es especial porque nosotros, juntos, somos el abrazo. Lo creamos. Juntos, en comunión, trascendemos a través de una invitación, y en el momento en que entramos en el espacio del abrazo, creamos un entorno propicio para la gracia. Desde ese momento estamos invitados a dar un paso adelante. Podemos avanzar al siguiente lugar a través de un acuerdo de estar juntos. Es entonces cuando soltamos lo que fue y avanzamos hacia el futuro. Y, en su círculo eterno, el abrazo vive para siempre. Se replica. Abraza el todo.

Saboreo este momento. Es la finalidad de bailar con alguien. Te hace considerar la importancia de los otros para tu existencia, a la vez que ejemplifica cómo nunca estamos verdaderamente solos. Aquí podemos entender la reflexión. Así, podemos observar y elevar nuestra manera de pensar sobre nosotros mismos, porque este es un estado de dos y, en su gracia, trae consigo la absolución y las posibilidades infinitas. Nos movemos del pasado al amor y el abrazo resuena por toda la humanidad.

El movimiento es el ingrediente que completa la experiencia. Siempre estamos en movimiento, flujo, cambio, evolución, ese estado de gracia que recibimos del abrazo es porque es un vaso de movimiento. No solo representa la idea de la energía del universo que cambia constantemente, sino que es, en sí mismo, un universo de energía en movimiento y está hecho de nosotros.

Compartir la creación del abrazo trae la misma invitación a la gracia, ya sea un abrazo muy cercano o más abierto, con los cuerpos más separados. La unión está absolutamente presente en todos los sentidos. Incluso tomarnos de las manos es una experiencia similar a un abrazo. La comunión comienza con la más mínima pizca de afinidad; solo la decisión de tomarse de las manos ya tiene un cierto avanzar en conjunto. Esto nos muestra cómo se expande más allá del abrazo físico. Podemos compartir un abrazo con todo el mundo sin siquiera acercarnos físicamente.

Podemos compartir la consciencia plena de nuestra conexión a través del poder de nuestra propia decisión. Siempre podemos elegir la gracia.

Esta es la promesa más valiosa que tenemos en nuestro derecho de nacimiento como seres humanos. Estamos creando individualmente al mismo tiempo que creamos juntos en una constante renovación, tú y yo y nosotros.

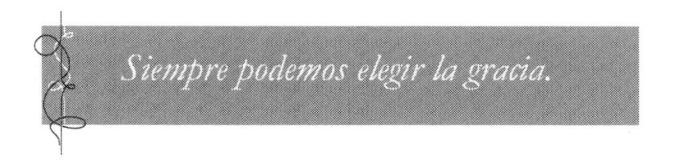

Siempre podemos elegir la gracia.

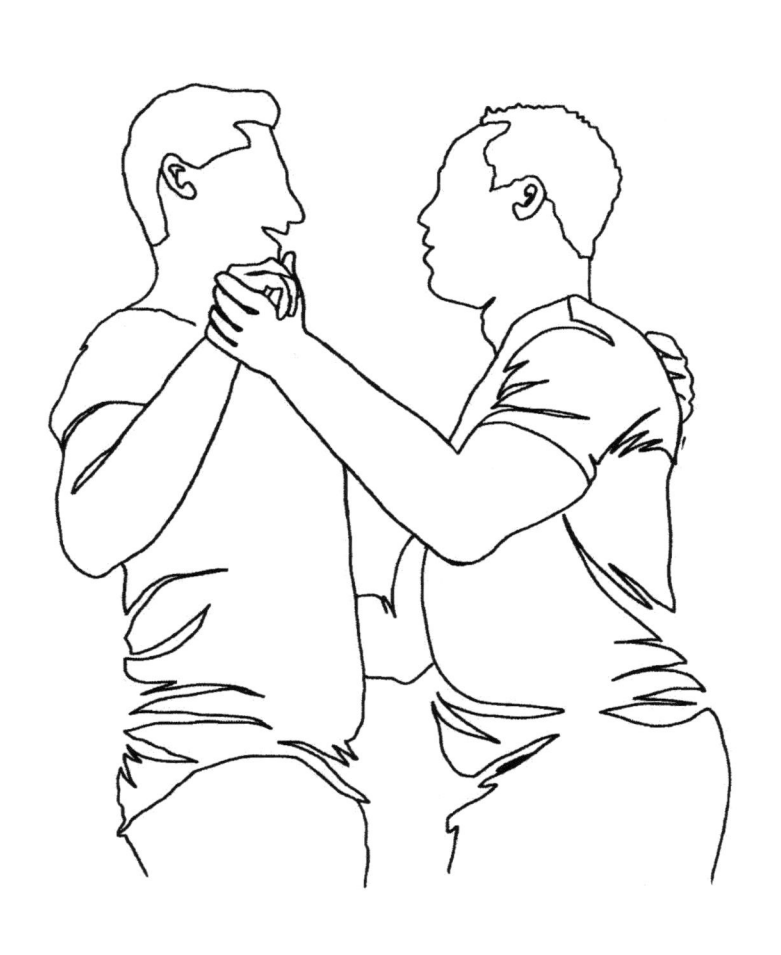

CAPÍTULO 28
NUESTRA JUVENTUD, NUESTRO MUNDO

La danza, y las artes en general, cambia la vida de las personas.

Existe una marcada importancia en ofrecer esta oportunidad a nuestra juventud.

Enseñar tango a los niños y niñas ofrece un camino específico hacia el descubrimiento de la responsabilidad, hacia uno mismo y hacia los demás. El respeto y los objetivos creativos son experimentados de primera mano y se incorporan a sus vidas con una asombrosa capacidad para absorber y dar cuerpo a la información.

Una vez que un joven ha sido introducido a la experiencia de liderar con cuidado, encuentra un mayor sentido de pertenencia, empatía y familia.

Este proceso es especialmente sano para construir una comunidad, para aprender sobre otras comunidades, cruzar fronteras, tender puentes y literalmente bailar para eliminar los estereotipos y suposiciones dañinas.

Los niños/as aprenden rápidamente este juego "mejorado" de seguir al líder, donde nunca quieres perder a tu pareja, sino que quieres permanecer conectado hasta el final. Esta tendencia innata a "no dejar a nadie atrás", que surge naturalmente de la realidad de una tribu/clan/familia, puede extenderse a toda la familia humana.

Con los niños y niñas se pueden dar muchas clases y prácticas de tango simplemente tomándose de las manos; no necesitan abrazarse si no se sienten cómodos. Solo con tomarse de las manos, mirarse uno al otro, caminar y guiar hacia el espacio es una experiencia suficiente. Hay una gran necesidad de volver a introducir el baile en pareja en las escuelas de todo el mundo. Es necesario volver a organizar "bailes" y asegurarnos de que nuestra juventud esté aprendiendo a comunicarse con su energía. Aprendiendo sobre su creatividad positiva en el mundo.

Esto es especialmente importante en el mundo actual. En la era de las redes sociales, los teléfonos celulares y las ciber-relaciones. Nuestra juventud necesita asociarse. Necesitan bailar

Aprendiendo sobre su creatividad positiva en el mundo.

Enseñar tango en un centro juvenil, por ejemplo, es una experiencia maravillosa. Puede estar tan llena de encanto, entusiasmo, cuidado... en esencia... amor. El baile en pareja es un medio que saca a relucir un verdadero espíritu de celebración y unión. Cuando guiamos a los jóvenes a través de estos ejercicios, es evidente que el baile en pareja nació de este estado humano. Gracias a este origen, siempre podemos acudir a él para recordarnos, realinearnos y relacionarnos con nuestro yo más auténtico como personas.

La unidad es algo que los jóvenes aún tienen fresco.

Aprendemos mucho de los jóvenes sobre la humanidad, y también acerca de cuán absolutamente crucial es para ellos tener este vehículo en sus vidas cotidianas. Los niños necesitan interacción humana, asociación, responsabilidad y fe en los demás. Hay tantas circunstancias "externas" que parecen amenazar con sacar este estado de su ser. Esto en realidad no es posible, no se puede eliminar, pero puede ser olvidado. Puede ser ocultado, reprimido e ignorado. El resultado es el comienzo de lo que vemos en tantos adultos: una visión endurecida y desesperada de la relación consigo mismo y con los demás. Es nuestra obligación como adultos, como el entorno que legará este mundo a nuestros hijos, guiar con el ejemplo, practicar una conexión amorosa y consciente, y mantener el acceso abierto a todas estas herramientas para ellos.

Esta labor de bailar juntos y luego asociar las experiencias, el saber percibido y la unidad a nuestra vida cotidiana es una forma de empoderar verdaderamente a nuestros niños, de forma colectiva. Cuando silenciamos a la gente en presencia del otro para escucharnos a cada uno, obtenemos una mayor comprensión del todo. Nuestros hijos pueden sentir que son realmente importantes, como parte de algo más grande. Algo más grande que ellos mismos individualmente, pero algo en lo que están participando activamente y para lo que son esenciales. Una mayor claridad de sentido. Este es uno de los regalos más importantes que podemos dar a nuestros hijos: herramientas para potenciar la esencia que ya tienen.

Protegerlos de los pensamientos destructivos y negativos, impuestos desde el mundo "exterior", no significa esconderlos o sobreprotegerlos. Significa ofrecerles la oportunidad de conectar y compartir una plataforma integral para hacer su diferencia en el mundo progresivamente. Esta es nuestra evolución.

Es fascinante preguntar a los niños sus ideas y ejemplos de cómo este bailar juntos se relaciona con el mundo fuera de la pista de baile. Pueden sorprenderte; quizás no sean solo hacer amigos en la escuela, andar en bicicleta, o compartir juguetes... puede ser cómo hablar con los adultos, qué hacer si alguien se lastima, o por qué hay tanta guerra y peleas. Cuando les ofrecemos estas experiencias, a menudo nos damos cuenta de que son personas sofisticadas y desarrolladas, estando exactamente donde están en la vida. Nos recuerdan que esta libertad trasciende no solo la edad, sino también las "circunstancias", las clases sociales, la raza, el género, etc. Solo por nacer humanos, nacemos de esta conexión y somos parte de su evolución.

¿Qué mejor lugar para experimentar esto que trabajando con nuestros niños?

El mundo será un lugar mejor si bailamos más, si animamos a nuestros hijos a bailar y nos acordamos de bailar con nuestros mayores. El baile en pareja y en grupo aporta una comprensión muy especial a la mesa, y nuestro mundo necesita cada vez más de esto, y en esto debemos recordar a los niños. Podemos seguir bailando socialmente, que es importante, pero lo crucial es implementar más danza en la educación de nuestros jóvenes, dentro y fuera de la escuela. Debemos enseñar activamente a nuestros hijos a bailar.

La distracción y la luz con la que se ve recompensada una persona que baila está disponible sin mucho esfuerzo, físicamente. Esto es algo que se encarna y no es solo un concepto intelectual. Permitir que nuestros cuerpos resuenen con elecciones de movimiento conscientes, en un encuentro improvisado en el mundo, es una de las mejores maneras de crear efectivamente un vínculo más profundo con nuestra comunidad.

Este vínculo se expande más allá de la ubicación geográfica actual y cruza culturas con una capacidad unificadora como pocas actividades. A menudo puede existir un desarrollo auténtico y espontáneo en el movimiento. Permitir que nuestra energía y compromiso se extiendan más allá de nuestros cuerpos percibidos y se "entremezclen" con la energía y el compromiso de otros, es una acción que no conoce fronteras hechas por el hombre. Ningún muro, bandera o división cultural puede separarnos, porque está hecha de nosotros, y es nuestro mundo.

Celebrar diferentes dinámicas energéticas con diversos orígenes culturales es como apreciar una hermosa mezcla de idiomas y acentos. Esta conexión a través del movimiento no se trata de ideologías y poderes, es más como entender especias y comidas, chistes, risas y hábitos. Amor, familia y amigos. Se trata de diferentes costumbres y reacciones a ritos de pasaje unificadores, al nacimiento y a la muerte, a la angustia, a los tropiezos. Comparte una increíble cantidad de resistencia humana y el poder de levantarse de nuevo. Celebra nuestro ascenso, nuestra singularidad y la unidad en la evolución, nuestra elevación.

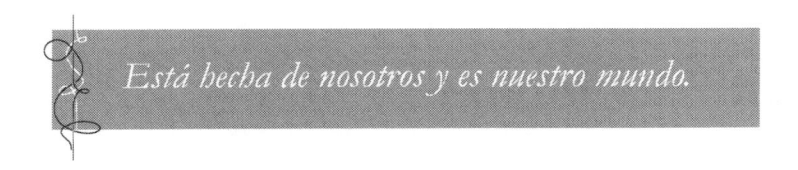

Está hecha de nosotros y es nuestro mundo.

Ha habido demasiada separación de la danza en nuestra sociedad durante demasiado tiempo. Pero estoy segura de que volveremos a ella, porque forma parte de una disposición natural a la celebración que llevamos en el "ADN" de nuestra existencia. El júbilo y la naturaleza alegre que disfrutamos al movernos juntos es un buen punto de partida. No necesitamos forzar el viaje o el descubrimiento. No tiene que ser una campaña de proporciones épicas. Puede ser simple, pequeño, divertido y fácil. Solo baila. Baila por ahí. Baila con nuestros hijos. Bailen juntos. Baila conmigo. Baila por nuestro mundo.

CAPÍTULO 29

COMUNIDAD: ESPERANZA, AMOR, FE

La conexión a través del tango puede unir y sanar divisiones en las comunidades y entre ellas. Por ejemplo, hay trabajos en marcha a nivel global con comunidades inmigrantes, la comunidad LGBTQ+ y comunidades económicamente marginadas. Necesitamos más programas de este tipo en el mundo. Sabemos que el tango trasciende prejuicios culturales y es una danza para dos, sean quienes sean.

El concepto de tango en vez de muros es una propuesta importante. Conexiones en lugar de divisiones; usar nuestra conexión como humanos para crear actividades que ayuden a unirnos. Algunos de estos programas invitan a comunidades cisgénero, heterosexuales y LGBTQ+ a bailar juntas, en los mismos espacios. Otros trabajan con comunidades inmigrantes que pueden tener barreras idiomáticas.

Reunirse y bailar en grupos activa la interacción social. Es algo distinto a proponer reunir a las personas para discutir o "lidiar" con sus problemas mutuos, o con sus diferencias percibidas. En este caso, reunirse se trata de encontrar y celebrar una conexión directamente desde tu persona. Conectas a través de tu ser físico. Compartes el momento del baile. Compartes el abrazo. También eres testigo de la conexión de otros.

Estos momentos suceden a tu alrededor y eres parte de ello colectivamente. Es una experiencia unificada.

En esta experiencia, los "entregables", o las formas de medirlos, se encuentran dentro de un paradigma único de tiempo y métricas. Esta experiencia no se trata de elaborar un documento con las opiniones y pensamientos de cómo mejorar las relaciones. Ese tipo de trabajo hacia la justicia social y la sanación de fracturas en las comunidades tiene una naturaleza organizativa diferente. Este trabajo se enfoca en la experiencia de crear el momento presente, juntos. Movernos juntos en un espacio creativo dedicado.

Compartes el momento del baile.
Compartes el abrazo.

Este trabajo también puede ser muy útil como foro junto con otras acciones más "tradicionales" de justicia social. Es una excelente opción agregar parejas bailando a una conferencia o grupo como una experiencia física de ejercicios. No solo como una actividad para "romper el hielo" o "para conocerte" como actividad de orientación, sino como una meditación diaria, o una sesión grupal de enfoque durante las reuniones.

Presentarse juntos es importante, especialmente si queremos actuar con un impacto positivo en la comunidad.

A menudo creemos que entendemos a otras personas y apoyamos su "causa", pero en realidad, solo las percibimos desde un punto de vista desconectado que tenemos sobre ellas, sea favorable o no. Básicamente, estamos comparando fuera de la conexión.

Cuando tenemos la oportunidad de estar juntos en los mismos espacios con el objetivo de bailar juntos, esto cambia. Ya no estamos comparando sin conexión. Nos vemos más profundamente y celebramos las diferencias conociendo nuestra conexión. A través de nosotros mismos entendemos al otro, mientras que a través del otro nos entendemos a nosotros mismos. Juntos creamos una nueva realidad en el espacio, con movimiento. Tenemos el poder de crear la realidad colectiva.

Ya no se trata de un intercambio de opiniones, sino de un compartir dinámico y físico de nosotros mismos. Tenemos un lenguaje de movimiento para explorar. Un diálogo sin palabras habladas es increíblemente poderoso. Esto puede traer las transformaciones más notables, no solo en las actitudes de la gente, o en las amistades y en los lazos que se forman, sino en el cuidado y la comprensión que las personas comparten cuando bailan juntas. Justo en el momento de bailar. No se trata de comentarios en voz alta, es un hecho visible. Podemos ver a la gente empezar a bailar con otros, y gradualmente su zona de confort empieza a expandirse. Empiezan a disfrutar más de la compañía del otro. Dependen uno del otro para guiar y seguir, o de las demás parejas en el espacio para hacer lugar y bailar alrededor. Empieza a formarse un hermoso grupo lleno de dinámicas variadas, interconectadas. Cada individuo es una parte importante del todo.

En este grupo, hay algo intrínsecamente íntimo en el momento en que te encuentras en los brazos de alguien, algo especial, algo sagrado. A menudo llegamos a una conclusión incómoda sobre esto cuando estamos en público, cuando sentimos que nos observan. Es un momento importante. Lo "sagrado" no implica "secreto". La importancia y profundidad de ese instante que compartes con la persona que bailas no se ve afectada por el hecho de estar a solas o rodeados de gente. Una vez más, somos nosotros los que damos forma a nuestro entorno, y no al revés. Compartir una experiencia de comunión grupal es la esencia de la unidad colectiva y, en última instancia, un paso para fortalecernos. Esto es natural en nosotros; lo único es que la raza humana está muy fuera de forma. La acumulación de hábitos divisorios es tan densa que todo esto parece demasiado lejano. Es por eso que es importante invitar a la gente a bailar junta desde el inicio de un programa. En este sentido, es muy útil ofrecer un ambiente abierto desde el principio, y luego saber que somos nosotros los que lo definimos según avanzamos el baile.

Cuando las comunidades se acercan al tango, a estos espacios, no solo debemos entender que todos somos humanos y por eso compartimos el mismo valor, sino que debemos actuar, comprometernos y practicar nuestra convivencia en voz alta. La participación es importante, incluso si eso significa simplemente estar allí. Esta es la acción que expresa el hecho de ser una parte importante de algo más grande. La importancia de entendernos unos a otros está interconectado con entenderse a uno mismo. El "permiso" para estar presente y ser como somos se realiza hacia dentro y hacia fuera: hacia nosotros y hacia los demás. En lo que percibimos a menudo como el mundo actual, cargado de los efectos negativos del individualismo, suele ir acompañado de nuestras propias celebraciones de los éxitos únicos de los demás.

Un mundo de mensajes contradictorios. Esto no es constructivo, porque carecemos de conexión, de encuentro. Sentir la necesidad de ser únicos nos aleja de la conexión mayor, mientras que también centrarse solo en los demás nunca nos permite participar en ella.

Esta es nuestra situación, nuestra condición. Por eso el tango es un vehículo tan perfecto para aumentar nuestra participación activa en este proceso. El tango es una gran oportunidad para ir más allá de los juicios sobre el individuo y sobre nosotros mismos, para celebrar nuestra importancia individual en el marco de la grandeza mutua. Para comulgar y empezar a difuminar las líneas que dividen a las comunidades.

Hay una verdad sobre no aceptar a los demás. Si vivimos juzgando a otros, no desaparecen, no se van. Incluso si personas poderosas hacen que fracciones de nuestra familia humana se escondan, siguen ahí. Mejor dicho: nosotros seguimos ahí. Desconectados del todo, aislados por nuestras propias acciones, pero aún ahí. Esta es la enfermedad de la incompletud, que necesita ser sanada. Ahí es donde nos debemos a nosotros mismos bailar el tango, a participar. La buena noticia es que nacemos como parte importante de algo mayor, estamos hechos para esto. Está en nosotros. La ESPERANZA siempre está presente en el hecho de que nunca estamos solos, aunque no vivamos nuestra plenitud. El AMOR está en la conexión humana que compartimos y en la aceptación de nosotros mismos y de los demás. Y la FE está en dar esos primeros pasos juntos.

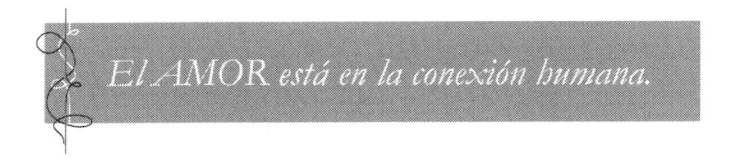

El AMOR está en la conexión humana.

CAPÍTULO 30
HABLEMOS DE AMOR

El amor es la respuesta.

El amor es la respuesta. Ahí está. Ya lo dije. El más evidente y, quizá, uno de los dichos más "trillados". Parece que, con este tipo de afirmaciones, inmediatamente las reconocemos como un cliché. Un comentario con muy poco significado profundo detrás, aparentemente saboteado por las tarjetas de felicitación y los memes. Tal vez esto se debe a que dichos como este a menudo se han extraído de textos más grandes, de trabajos extensos, y fuera de contexto parecen banales y carentes de significado.

De todos modos, parece que perduran. Tienden a resurgir una y otra vez a lo largo de la historia, en el arte, las escrituras, los textos espirituales, etc. Las frases inspiradoras parecen ocupar un lugar especial en nuestra comprensión de cómo mejorar las cosas, de cómo seguir un camino más elevado. Debe haber una buena razón para ello. Debe haber una verdad exacta y simple en ellas. Algo nos mantiene interesados.

Entonces, en este caso particular, con "el amor es la respuesta", hay una intriga inmediata. Implícita en su estructura, nos quedamos con un "¿y cuál era la pregunta?". ¿Qué está respondiendo? Cuando volvemos al tango y a bailar juntos, tenemos una ecuación especial con la cual trabajar. Dos personas bailan juntas y las preguntas por resolver giran en torno a las decisiones sobre cómo abrazarse, cuándo moverse, hacia dónde, qué relación tenemos con otras parejas, y así sucesivamente. Estas preguntas son el trampolín para nuestra improvisación.

Juntos, en grupo, con alguien entre nuestros brazos.

Esta es la descripción práctica y exacta de la experiencia de bailar tango, pero sabemos que a menudo se ve como algo más. Una vez más, uno de los pensamientos más comunes sobre el tango tiene que ver con el amor de una pareja en una relación romántica. El tango se suele ver a través de una lente de estilo Hollywood, como una exhibición "sexy" de pasión bochornosa, o un momento romántico entre una pareja que está tan enamorada que baila junta. El tipo de cosas de las que están hechas las películas.

Aunque la gente puede vivir estas experiencias en el tango, así como en muchos momentos y actividades variadas de su vida, sabemos que la oportunidad de bailar conscientemente con los demás es una experiencia vehicular de un alcance mucho mayor. Universalmente el tango es mucho más que eso. Y por ello, podemos ampliar nuestra comprensión del baile y, a su vez, nuestra definición del amor. Ya no tenemos que ver el amor como algo que se nos vende en un solo contexto. Por maravillosa y hermosa que sea la experiencia de estar enamorados de nuestra pareja, hay mucho más amor cuando reconocemos nuestra conexión humana a nivel global. Cuando dejamos que las preguntas realmente aborden cómo nos movemos juntos en el espacio, en la pista de baile, a lo largo del día, en la calle, durante el año... vemos la respuesta de amor como una energía disponible e infinita de consideración conectada al otro en relación a nosotros mismos. Ahora tenemos una comprensión constante de la importancia única de cada persona para el todo.

Cuando pensamos en el "todo", a la vez que nos centramos en la singularidad de las personas, comenzamos a despertar a una apreciación más profunda de su valor indispensable. Empezamos a entender la energía, el pegamento que lo mantiene todo unido. El caos adquiere una lógica especial. Surge una especie de "sentido en la locura". Esta vida existe, tal y como la conocemos, gracias a esta energía interconectada. Porque el amor es.

Esta interconexión es evidente en el modo en que ocurre la procreación, en cómo la unión de seres es creativa. Va más allá de nuestra creación y nuestro nacimiento, y se extiende a nuestra creatividad individual y a la de todas las personas con las que nos encontramos. Todas las personas con las que bailamos. Cuando meditamos sobre esta situación, empezamos a ver la conexión entre nosotros y ellos. El eterno poder del amor propio y el amor por el otro se une por nuestra propia existencia. Somos, porque el amor es. El amor es la respuesta, porque sin él, ni siquiera existiríamos para hacer la pregunta.

Es cierto que cada vez que pisamos una pista de baile no estaremos meditando activamente sobre estas palabras. Muchas veces nos juntamos con una pareja de baile, sonreímos y giramos por la pista sin enfocarnos mucho en el impacto importante de nuestra conexión y su expresión. Esto es evidente porque es un excelente ejemplo de una alegre ligereza que forma parte de la energía creativa que necesitamos para evolucionar. Debemos compartir el mundo con otros, reír y experimentar la levedad del compañerismo. No necesitamos pensarlo demasiado, porque ya entendemos las preguntas y, a través de la práctica de bailar juntos, podemos desarrollar una fe mayor y más fuerte en la respuesta.

Así como mejoramos al bailar juntos lo más seguido posible, podemos mejorar nuestra experiencia de vida al ser más conscientes. Digamos que ser conscientes de nosotros mismos, de los demás, y de nuestra conexión, es como estar presentes en la vida. Es estar presente. Una vez que estás presente, no necesitas pensar mucho en ello. Entonces, puedes simplemente bailar. Podemos ser, porque entendemos cómo somos parte de este tapiz. Sabemos cómo "encajamos" juntos. Por lo tanto, sabemos que el amor es la energía, el denominador común de toda experiencia humana. Es una liberación de tener que luchar. Es liberador.

Con esta libertad, podemos invitar a todos a abrazarnos, a estar entre nuestros brazos y a crear juntos. Con esta consciencia entendemos cómo estamos conectados. Se quita el velo y nos despertamos a la energía eterna que nos une como humanos. Estamos creando nuestro mundo a medida que avanzamos, paso a paso. Estamos listos para bailar juntos, no solo un baile para nosotros, sino un tango para nuestro mundo. Todos nosotros. Cambiando el mundo un tango a la vez.

Cambiando el Mundo un Tango a la Vez.

GRACIAS

Una sentida y profunda gratitud a mi querida familia y amigos. Un agradecimiento especial a Barbara por tu aliento y dedicación sin fin, así como por tu mirada invaluable y cariñosa; a Dipesh por tu energía creativa, y a David por tu tutoría y tu profunda fe en este proyecto... te echamos de menos, pero siempre estás conmigo. Al Creador que dio el regalo de la fe y el amor, y a todos los que han aportado su energía. *Cambiando el Mundo un Tango a la Vez* jamás hubiese nacido sin ti. Estoy eternamente agradecido.

PALABRAS DE GRATITUD DE PARTE DEL AUTOR

Estoy agradecido; conocer la danza es entender mi animal interior como parte de mi esencia. Es comprender el instinto y la conexión, el libre albedrío y la creatividad, así como una sólida comprensión del "Yo soy".

He encontrado una reverencia en la danza, y por lo tanto, una presencia en la gracia. Es un acto sagrado, ya que es totalmente humano, y participar en él produce un inmenso sentimiento de gratitud. Esta bendición de la danza alinea el "nosotros" con nuestra comprensión de la coexistencia de todas las personas. Esto siempre ha sido así. La elección de ser conscientes de nuestra participación en el viaje es nuestra. De cualquier forma, es hermoso saber que nunca estamos solos y que siempre estamos bailando.

Agradezco cada paso, cada pareja de baile, cada momento musical, cada espacio dedicado, y a Dios.

Es con este espíritu fascinante, abierto y agradecido, con las bendiciones de esta humanidad, que espero que conserves nuestro abrazo y nuestro baile para siempre. Gracias.

R. S.

Made in the USA
Middletown, DE
29 July 2024